Inhalt

Benutzerhinweise

- Dieser Sprachführer macht es Ihnen so leicht wie möglich, sich im spanischsprachigen Ausland zu verständigen: Sie lernen nur 100 Wörter, mit denen Sie über 500 Sätze sprechen und somit alle relevanten Reisesituationen meistern können! Um den größtmöglichen Nutzen aus diesem Buch zu ziehen, gehen Sie bitte wie folgt vor:
- Lernen Sie zunächst die 100 Wörter im nachfolgenden Hundertwortschatz. Diese wurden nicht alphabetisch geordnet, sondern in sinnhafte Gruppen gegliedert, um Ihnen das Einprägen zu erleichtern. Bei den Verben finden Sie nur die Formen, die Sie später tatsächlich benötigen. Alle Formen eines Verbs sind in einem Eintrag zusammengefasst.
- Sie müssen nur 100 Wörter lernen, aber Ihr Grundwortschatz ist eigentlich schon viel breiter, denn aus den 100 Einzelwörtern kann man Zusammensetzungen bilden. Die wichtigsten dieser Wortkombinationen finden Sie bereits im Hundertwortschatz, weitere werden später in den Kapiteln in einem Sprachtipp oder einer Fußnote erklärt und sind auch im Wörterbuch am Ende dieses Bandes zu finden.
- Sowohl im Hundertwortschatz als auch in den einzelnen Kapiteln gibt es gelb hinterlegte Sprachtipps, die Ihnen die wichtigsten Regeln oder sprachlichen Besonderheiten des Spanischen anhand von Beispielen erläutern.
- Darüber hinaus informieren Sie die grün hinterlegten Kulturtipps über bestimmte Gepflogenheiten in Spanien, die für deutschsprachige Besucher zunächst neu und ungewohnt sein könnten.

- In den einzelnen Kapiteln finden Sie – nach Themen geordnet – die wichtigsten Sätze und Ausdrücke, die Sie in der jeweiligen Situation sprechen oder auch verstehen möchten. Dabei handelt es sich bewusst um Sätze aus dem tatsächlich gesprochenen Alltagsspanisch.
  An einigen Stellen wurden die Sätze durch Bilder ergänzt; das jeweilige spanische Wort zum Bild ist jedoch direkt darunter angegeben und kann in den Satz (an der Stelle „…") eingesetzt werden.

- Das Wörterbuch ganz am Ende dieses Buches bietet Ihnen die Möglichkeit des alphabetischen Nachschlagens aller spanischen Begriffe. Im Wörterbuch finden Sie alle Wörter aus dem Hundertwortschatz, alle Bild-Wörter sowie alle festen Wendungen aus den Kapiteln.

- Damit Sie gleich erkennen können, ob eine spanische Form männlich oder weiblich ist, haben wir die Zeichen ♂ (für männlich) und ♀ (für weiblich) zur Kennzeichnung verwendet.

- In allen drei Teilen dieses Buches (Hundertwortschatz, Satzmuster zu den Reisesituationen, Wörterbuch) steht bei jedem spanischen Wort immer die vereinfachte Lautschrift, sodass Ihnen die Aussprache keine Mühe bereitet. Bei dieser Lautschrift wurde vom Deutschen ausgegangen, d. h. bis auf wenige Ausnahmen werden alle Buchstaben so ausgesprochen, wie Sie es vom Deutschen gewohnt sind.
  Bitte beachten Sie aber die folgenden Besonderheiten bzw. Sonderzeichen:
  ch wird gesprochen wie das *ch* in *Bach*
  θ wird gesprochen wie das englische *th* in *thing* (= gelispeltes stimmloses *ß*)
  ng spricht man wie das *ng* in *Finger*, gefolgt von einem weiteren *g*

- Bitte beachten Sie außerdem:
  Der Buchstabe „h“ wird im Spanischen nicht gesprochen.
  Jeder Selbstlaut in der Lautschrift wird einzeln gesprochen; *ei* spricht man also wie das *ey* in *Hey*! (und nicht wie das *ei* in *dabei*).
  Das Zeichen ˈ schließlich bedeutet, dass die nachfolgende Silbe betont ausgesprochen werden soll.
- Hier finden Sie eine Übersicht der verwendeten grammatischen Begriffe sowie einige Beispiele:

	deutsche Beispiele	**spanische Beispiele**
Artikel	der, eine, ein	el, una, un
Adjektiv	warm, schön, nett	caliente, bonito, simpático
Adverb	leise, ernsthaft, gut	silencioso, seriamente, bien
Substantiv	Reise, Flugzeug, Wetter	viaje, avión, tiempo
Verb	sprechen, lesen, entspannen	hablar, leer, relajar
Pronomen	mir, dein, ihr	me, tu, vosotros

Hundertwortschatz

1	**sí** si	ja
2	**no** no	nein; nicht; kein/keine
3	**el** el	der
	la la	die (Einzahl)
	los ♂ los	die (Mehrzahl); sie (Pronomen)
	las ♀ las	die (Mehrzahl); sie (Pronomen)
4	**un** un	ein
	una ˈuna	eine
5	**este** ˈeste	dieser
	estos ♂ ˈestos	diese (Mehrzahl)
	esta ♀ ˈesta	diese (Einzahl)
	estas ♀ ˈestas	diese (Mehrzahl)
	esto ˈesto	das hier, das da

SPRACHTIPP

Im Gegensatz zum Deutschen hat das Spanische nicht drei grammatische Geschlechter (männliches *der*, weibliches *die* und sächliches *das*), sondern nur zwei. Der männliche bestimmte Artikel heißt *el*, der weibliche *la*. In der Mehrzahl lauten diese Artikel *los* und *las*. Bei den Formen *esto(s)* und *esta(s)* wird die Mehrzahl ganz regelmäßig durch Anhängen eines *-s* gebildet.

6	**yo** jo	ich
7	**me** me	mir/mich
8	**mi** mi	mein/meine (Einzahl)

9	**tu** tu	dein/deine (Einzahl)
10	**te** te	dir/dich
11	**lo** lo	ihn/sie/es
12	**le** le	ihm/ihr/ihn; Ihnen/Sie
13	**usted** usˈteθ	Sie (Einzahl)
14	**su** su	sein/ihr; Ihr; seine/ihre; Ihre (Einzahl)
15	**se** se	sich; man
16	**nos** nos	uns
17	**en** en	in
18	**de** de	aus; von
19	**a** a	nach; zu
20	**con** kon	mit
21	**hasta** ˈasta	bis
22	**para** ˈpara	für; um zu
23	**por** por	für; während

SPRACHTIPP

Por bedeutet „für“ in Sätzen wie *Gracias por todo* (Danke für alles.). Bei Zeitangaben hat es die Bedeutung „während“: *por la mañana* (während des Morgens; am Morgen). In Verbindung mit *aquí* „hier“ kann es als *por aquí* sowohl „hier in der Nähe“ als auch „hier entlang“ heißen. In Kombination mit *dónde* „wo“ (*por dónde*) bedeutet es „wo entlang“.

24	**y** i	und
25	**pero** ˈpero	aber
26	**muy** mui	sehr
27	**algo** ˈalgo	etwas
28	**nada** ˈnada	nichts
	de nada de ˈnada	bitte, gern geschehen
29	**otro** ˈotro	ein anderer/anderes; noch ein
30	**poco** ˈpoko	wenig
31	**menos** ˈmenos	weniger
32	**mucho** ˈmutscho	viel
33	**más** mas	mehr
34	**demasiado** demaˈsjado	zu viel, allzu
35	**todo** ˈtodo	alles
36	**uno** ˈuno	eins; einen/eines
37	**dos** dos	zwei

SPRACHTIPP

Weibliche Formen und die Mehrzahl werden von *mucho* ♂, *todo* ♂ und *otro* ♂ ebenso wie von den meisten anderen spanischen Adjektiven so gebildet: Ersetzt man das *-o* am Ende von *mucho* durch ein *-a*, erhält man die weibliche Form *mucha* ♀. Für die Mehrzahl wird ein *-s* angehängt, dann erhält man *muchos* ♂ und *muchas* ♀.

38	**quién** kjen	wer
39	**qué** ke	was?, welcher/welche/ welches? (Fragewort) wie ...! (Ausruf)
40	**que** ke	als; was; der/die/das (bezügliches Pronomen), welcher/welche/welches (bezügliches Pronomen)
41	**cuándo** ˈkuando	wann
42	**cuánto** ˈkuanto	wie viel
	cuántos ˈkuantos	wie viele
43	**dónde** ˈdonde	wo
44	**cómo** ˈkomo	wie
45	**hoy** oi	heute
46	**mañana** maˈnjana	morgen
47	**ya** ja	schon
48	**luego** ˈluego	nachher
49	**tarde** ˈtarde	spät
50	**también** tamˈbjen	auch
51	**aquí** aˈki	hier
52	**cerca** ˈθerka	in der Nähe
53	**el día** el ˈdia	Tag
54	**la mañana** la maˈnjana	Morgen
55	**la tarde** la ˈtarde	Nachmittag; Abend

56	**la noche** la ˈnotsche	Nacht; Abend
57	**el año** el ˈanjo	Jahr
58	**el tiempo** el ˈtjempo	Zeit; Wetter
59	**la cama** la ˈkama	Bett
60	**la habitación** la abitaˈθjon	Zimmer
61	**el calor** el kaˈlor	Wärme; Hitze
62	**el regalo** el reˈgalo	Geschenk
63	**el favor** el faˈwor	der Gefallen
	por favor por faˈwor	bitte

SPRACHTIPP

Bei spanischen Substantiven, die auf *-o*, *-a* oder *-e* enden, bildet man die Mehrzahl, indem man ein *-s* anhängt – und das sieht dann so aus: *regalo – regalos*; *día – días*; *tarde – tardes*.
Wenn das spanische Substantiv aber auf einen Mitlaut wie *l, n, r, z* usw. endet, so entsteht die Mehrzahl durch das Anhängen von *-es*, wie z. B. bei *habitación – habitaciones*.
Übrigens sind die meisten Wörter, die auf *-o* enden, männlich und die meisten, die auf *-a* enden, weiblich.

64	**bueno** ˈbueno	gut
65	**mejor** meˈchor	besser
66	**bien** ˈbjen	gut (Adverb)
67	**mal** mal	schlecht (Adverb)

68	**bonito** boˈnito	schön
69	**grande** ˈgrande	groß

SPRACHTIPP

Die Adjektive müssen im Spanischen immer zu den Substantiven, zu denen sie gehören, in Geschlecht (männlich oder weiblich) und Zahl (Einzahl oder Mehrzahl) passen: *El regalo es bonito* (Das Geschenk ist schön.), aber *La cama es bonita* (Das Bett ist schön.) und *Los regalos son bonitos* (Die Geschenke sind schön.).
Wenn „gut" als Adverb gebraucht wird, also zum Verb gehört, wird es übrigens nicht mit *bueno* übersetzt, sondern immer mit *bien: Estoy bien* (Mir geht es gut.).

70	**ser** ser	sein
	soy soi	ich bin
	eres ˈeres	du bist
	es es	er/sie/es ist; Sie sind (Einzahl)
	somos ˈsomos	wir sind
	son son	sie sind
71	**estar** esˈtar	sein
	estoy esˈtoi	ich bin
	estás esˈtas	du bist
	está esˈta	er/sie/es ist; Sie sind (Einzahl)
	estamos esˈtamos	wir sind

SPRACHTIPP

Sowohl *ser* als auch *estar* werden im Deutschen mit „sein“ übersetzt. Doch während *ser* dauerhafte Eigenschaften bezeichnet, bezieht sich *estar* nur auf den gegenwärtigen Zustand. Daher sagt man: *Juanita es muy guapa* (Juanita ist sehr hübsch.), aber *Juanita está muy guapa esta noche* (Juanita hat sich heute Abend sehr hübsch gemacht.).

72 **hacer** aˈθer	tun, machen
hago ˈago	ich mache
haces ˈaθes	du machst
hace ˈaθe	er/sie/es macht; Sie machen (Einzahl)
hacemos aˈθemos	wir machen
73 **poder** poˈder	können; dürfen
puedo ˈpuedo	ich kann
podría poˈdria	ich könnte, er/sie/es könnte; Sie könnten (Einzahl)
puedes ˈpuedes	du kannst
podrías poˈdrias	du könntest
puede ˈpuede	er/sie/es kann; Sie können (Einzahl)
podemos poˈdemos	wir können
74 **querer** keˈrer	mögen; wollen; lieben
quiero ˈkjero	ich möchte
quieres ˈkjeres	du möchtest
quiere ˈkjere	er/sie/es möchte; Sie möchten (Einzahl)
queremos keˈremos	wir möchten

75	**tener** te'ner	haben
	tengo 'tengo	ich habe
	tienes 'tjenes	du hast
	tiene 'tjene	er/sie/es hat; Sie haben (Einzahl)
	tenemos te'nemos	wir haben

SPRACHTIPP

In Verbindung mit nachgestelltem que bedeutet tener „müssen“: *Tengo que comer algo* (Ich muss etwas essen.).

76	**necesito** neθe'sito	ich brauche
	necesitamos neθesi'tamos	wir brauchen
77	**ir** ir	gehen; fahren
	voy woi	ich gehe
	vas was	du gehst
	va wa	er/sie/es geht; Sie gehen (Einzahl)
	vamos 'wamos	wir gehen

SPRACHTIPP

Ursprünglich bedeutet *ir* „gehen“. In Verbindung mit *a* und einem zweiten Verb in der Grundform wird es aber auch verwendet, um über die Zukunft zu sprechen: *Voy a comer algo* bedeutet dann „Ich werde etwas essen“.

78	**comer** ko'mer	essen
	come 'kome	er/sie/es isst; Sie essen (Einzahl)

79	**ver** wer	sehen; treffen
	veo weo	ich sehe
	ves wes	du siehst
	vemos ˈwemos	wir sehen
80	**vivir** wiˈwir	leben
	vivo ˈwiwo	ich lebe
	vives ˈwiwes	du lebst
	vive ˈwiwe	er/sie/es lebt; Sie leben (Einzahl)
	vivimos wiˈwimos	wir leben
81	**me llamo** me ˈjamo	ich heiße
	te llamas te ˈjamas	du heißt
	se llama se ˈjama	er/sie/es heißt; Sie heißen (Einzahl)
82	**comprar** komˈprar	kaufen
	compro ˈkompro	ich kaufe
83	**gusta** ˈgusta	er/sie/es gefällt
	gustas ˈgustas	du gefällst
	gustaría gustaˈria	er/sie/es würde gefallen
84	**entrar** enˈtrar	hineingehen
85	**pagar** paˈgar	(be)zahlen
86	**ayudar** ajuˈdar	helfen
87	**beber** beˈber	trinken
88	**dormir** dorˈmir	schlafen
89	**cuesta** ˈkuesta	es kostet
	cuestan ˈkuestan	sie kosten
90	**duele** ˈduele	es tut weh
91	**hay** ai	es gibt
	hay que ˈai ke	man muss

92	**he** e	ich bin; ich habe [Hilfsverb für die Vergangenheit]
	hemos ˈemos	wir sind; wir haben
93	**perdido** perˈdido	verloren; verirrt
94	**roto** ˈroto	kaputt; gebrochen
95	**estado** esˈtado	gewesen

SPRACHTIPP

Mit den Hilfsverben *he/hemos* und Formen wie *perdido* (verloren), *roto* (kaputt) oder *estado* (gewesen) haben Sie eine Möglichkeit, über die Vergangenheit zu sprechen: *He roto…* bedeutet „Ich habe … kaputt gemacht".

96	**Hola.** ˈola	Hallo.
97	**Adiós.** aˈdjos	Auf Wiedersehen./ Tschüs.
98	**Gracias.** ˈgraθias	Danke.
99	**Perdón.** perˈdon	Entschuldigung.
100	**Alemania*** aleˈmania	Deutschland

* Lernen Sie bitte nur entsprechend Ihrem Herkunftsland:
Austria ˈaustria — Österreich
Suiza ˈsuiθa — Schweiz

Von Mensch zu Mensch

Jemanden begrüßen

Die folgende Begrüßung passt zu jeder Tages- und Nachtzeit. Sie können damit Menschen begrüßen, die Sie duzen oder siezen:

Hola. ˈola	Hallo./Guten Tag/Morgen/Abend.
Hola a todos. ♂ ˈola a ˈtodos	Hallo allerseits.
Hola a todas. ♀ ˈola a ˈtodas	Hallo allerseits.

SPRACHTIPP

Während sich die männliche Form *todos* („alle"; hier im Sinne von „allerseits") nicht nur auf rein männliche, sondern auch auf gemischte Gruppen beziehen kann, verwendet man die weibliche Form *todas* nur bei rein weiblichen Gruppen.

Etwas spezifischer können Sie auch sagen:

Buenos días. ˈbuenos ˈdias	Guten Morgen/Tag.
Buenas tardes. ˈbuenas ˈtardes	Guten Tag/Abend.
Buenas noches. ˈbuenas ˈnotsches	Gute Nacht.

KULTURTIPP

Mit *buenos días* begrüßt man sich in Spanien vom frühen Morgen bis zum Zeitpunkt des Mittagessens. Ab dann lautet der passende Gruß *buenas tardes*. Spät am Abend oder wenn man schlafen geht, sagt man schließlich *buenas noches*.
Von den Worten einmal abgesehen, gibt man sich in Spanien gerne ein angedeutetes Küsschen auf die linke und rechte Wange.

Sich verabschieden

So können Sie sich verabschieden:

Adiós. aˈdjos	Auf Wiedersehen./Tschüs.
Adiós a todos. ♂ aˈdjos a ˈtodos	Auf Wiedersehen allerseits.
Adiós a todas. ♀ aˈdjos a ˈtodas	Auf Wiedersehen allerseits.
Hasta luego. ˈasta ˈluego	Bis später.
Adiós, hasta luego. aˈdjos ˈasta ˈluego	Tschüs, bis später.
¡Nos vemos! ˈnos ˈwemos	Man sieht sich!

SPRACHTIPP

Im Spanischen werden Ausrufesätze durch ein umgedrehtes Ausrufezeichen und Fragesätze durch ein umgedrehtes Fragezeichen eingeleitet.

So können Sie sich noch genauer verabschieden:

¡Hasta mañana! ˈasta maˈnjana	Bis morgen!
¡Hasta esta tarde! ˈasta ˈesta ˈtarde	Bis heute Nachmittag/ Abend!
¡Hasta esta noche! ˈasta ˈesta ˈnotsche	Bis heute Abend/Nacht!
¡Hasta mañana por la tarde! ˈasta maˈnjana por la ˈtarde	Bis morgen Nachmittag/ Abend!
¡Hasta mañana por la noche! ˈasta maˈnjana por la ˈnotsche	Bis morgen Abend/Nacht!
¡Hasta la una! ˈasta la ˈuna	Bis um eins!
¡Hasta las dos! ˈasta las ˈdos	Bis um zwei!
¡Hasta las… [Zahl]! ˈasta las	Bis um …!

▶ **WEITERE ZAHLEN** finden Sie auf Seite 119.

¡Hasta mañana a la una! ˈasta maˈnjana a la ˈuna	Bis morgen um eins!
¡Hasta mañana a las dos de la tarde! ˈasta maˈnjana a las ˈdos de la ˈtarde	Bis morgen Nachmittag um zwei!
¡Hasta el …! ˈasta el	Bis …!

▶ **DIE WOCHENTAGE** finden Sie auf Seite 121.

KULTURTIPP

In Spanien geht man abends sehr viel später aus als in Deutschland. So kann es vorkommen, dass vor Mitternacht noch nicht viel los ist. Wenn Sie das spanische Nachtleben also genießen möchten, ist eine *siesta* (Mittagsschlaf) sehr zu empfehlen – zumal es im Sommer am Nachmittag ohnehin meist zu heiß ist, um etwas zu unternehmen.

Und noch ein netter Gruß zum Abschied:

¡Todo lo mejor!* ˈtodo lo meˈchor	Alles Gute!
¡Buen día! ˈbuen ˈdia	Schönen Tag noch!

SPRACHTIPP

Wenn das Adjektiv bueno (gut) vor (und nicht hinter) einem Substantiv steht, fällt bei ihm das *-o* am Ende weg, wie z. B. oben in *buen día* (schönen Tag) oder in *buen tiempo* (schönes Wetter).

---

* Achtung feste Wendung:
¡Todo lo mejor! ˈtodo lo meˈchor — Alles Gute!

Sich vorstellen

So können Sie sich nach dem Namen Ihres Gegenübers erkundigen:

¿Cómo te llamas? ˈkomo te ˈjamas	Wie heißt du?
¿Cómo se llama usted? ˈkomo se ˈjama usˈteθ	Wie heißen Sie?

So können Sie auf die Frage nach Ihrem Namen antworten und sich und andere vorstellen:

Yo soy… ˈjo ˈsoi	Ich bin/heiße …
Soy… soi	Ich bin/heiße …
Me llamo… me ˈjamo	Ich heiße …
Este es… [Name] ♂ ˈeste es	Das ist …
Esta es… [Name] ♀ ˈesta es	Das ist …

SPRACHTIPP

Im Spanischen lässt man meistens das persönliche Pronomen weg, denn es ist bereits in der jeweiligen Form des Verbs enthalten. So kann man zwar sagen *Yo soy…* (Ich bin …); üblicher ist jedoch, nur zu sagen *Soy…*

Sich bedanken und Komplimente machen

Auf Reisen kommt es oft vor, dass man sich bedanken möchte. Dann sagt man:

Gracias. ˈgraθias	Danke.
Muchas gracias. ˈmutschas ˈgraθias	Vielen Dank.

Die passende Entgegnung lautet:

De nada. de ˈnada	Bitte./Gern geschehen.

Etwas ausführlicher können Sie sich auch so bedanken:

Muchas gracias por... ˈmutschas ˈgraθias por	Vielen Dank für …

el café
el kaˈfe

la cerveza
la θerˈweθa

el vino
el ˈwino

Muchas gracias por todo. ˈmutschas ˈgraθias por ˈtodo	Vielen Dank für alles.
Muchas gracias por todo esto. ˈmutschas ˈgraθias por ˈtodo ˈesto	Vielen Dank für all das.
Gracias a todos. ♂ ˈgraθias a ˈtodos	Danke euch/Ihnen allen.

Muchas gracias a todas. ♀ ˈmutschas ˈgraθias a ˈtodas	Vielen Dank euch/Ihnen allen.
Gracias por tu regalo. ˈgraθias por tu reˈgalo	Danke für dein Geschenk.
Muchas gracias por su regalo. ˈmutschas ˈgraθias por su reˈgalo	Vielen Dank für Ihr Geschenk.
Gracias por pagar. ˈgraθias por paˈgar	Danke fürs Zahlen.
Gracias por poder estar aquí. ˈgraθias por poˈder esˈtar aˈki	Danke, dass ich hier sein kann./Danke, dass wir hier sein können.

SPRACHTIPP

Meist heißt das deutsche Wort „für" auf Spanisch *para*: *Es para usted* (Das ist für Sie.).
Eine Ausnahme bildet jedoch der Begriff „danke für", denn hier verwendet man im Spanischen das Wort *por*: *Gracias por su regalo* (Danke für Ihr Geschenk.).

Gracias por los regalos. ˈgraθias por los reˈgalos	Danke für die Geschenke.
Muchas gracias por los regalos. ˈmutschas ˈgraθias por los reˈgalos	Vielen Dank für die Geschenke.
Gracias por todos estos regalos. ˈgraθias por ˈtodos ˈestos reˈgalos	Danke für all diese Geschenke.

KULTURTIPP

Wenn man Sie, wie es unter Spaniern sehr üblich ist, in einer Bar zu einem Getränk eingeladen hat, sollten Sie sich bei der nächsten Runde revanchieren.
Bei einem gemeinsamen Essen ist es üblich, den Rechnungsbetrag einfach durch die Zahl der Anwesenden zu teilen, sodass alle gleich viel zahlen.

Das Adjektiv *bonito/-a* lässt sich auf Vieles anwenden, was man Ihnen zeigen oder vorführen wird:

Es una… muy bonita. Das ist eine sehr schöne …!
es ˈuna… ˈmui boˈnita

ciudad
θiuˈdaθ

iglesia
iˈglesia

¡Qué bonito! ♂ ˈke boˈnito — Das ist aber schön!

¡Qué regalo más bonito! — Was für ein schönes Geschenk!
ˈke reˈgalo mas boˈnito

SPRACHTIPP

Qué (wie) wird oft in Ausrufen verwendet: *¡Qué grande!* (Wie groß!). In Verbindung mit más (eigentlich: „mehr“) hat es die Bedeutung „was für ein“: *¡Qué regalo más bonito!* (Was für ein schönes Geschenk!).

Es un regalo muy bonito.
es un re'galo 'mui bo'nito

Das ist ein sehr schönes Geschenk.

Es una habitación muy bonita.
es 'una abita'θjon 'mui bo'nita

Das ist ein sehr schönes Zimmer.

Son regalos muy buenos.
son re'galos 'mui 'buenos

Das sind sehr gute Geschenke.

¿Dónde los puedo comprar? ♂
'donde los 'puedo kom'prar

Wo kann ich sie kaufen?

SPRACHTIPP

Wenn ein Artikel alleine, also ohne Substantiv, vor einem Verb steht, ersetzt er ein Substantiv. Dann heißt es statt *Quiero la noche* (Ich mag die Nacht.): *La quiero* (Ich mag sie.), und statt *¿Dónde puedo comprar los regalos?* (Wo kann ich die Geschenke kaufen?) nur noch *¿Dónde los puedo comprar?* (Wo kann ich sie kaufen?).

Son… muy buenas. ♀
son… 'mui 'buenas

Das ist eine/sind sehr gute …

gafas de sol
'gafas de sol

aletas
a'letas

galletas
ga'jetas

¿Dónde las puedo comprar? ♀
'donde las 'puedo kom'prar

Wo kann ich sie kaufen?

Verständigungsprobleme lösen

Wenn Sie einmal jemanden nicht verstanden haben, können Sie darauf mit einer kurzen Frage aufmerksam machen:

¿Perdón? perˈdon	Entschuldigung?
¿Cómo? ˈkomo	Wie bitte?
¿Qué? ke	Was?

Wenn Sie einen Ausdruck o. Ä. in diesem Buch suchen müssen und das einen Moment dauert, können Sie sagen:

Perdón, necesito un poco de tiempo. perˈdon neθeˈsito un ˈpoko de ˈtjempo	Entschuldigung, ich brauche ein bisschen Zeit.
Perdón, necesito ver esto. perˈdon neθeˈsito ˈwer ˈesto	Entschuldigung, ich muss das hier nachschlagen.
Perdón, necesito tiempo para ver esto. perˈdon neθeˈsito ˈtjempo ˈpara ˈwer ˈesto	Entschuldigung, ich brauche Zeit, um das hier nachzuschlagen.

SPRACHTIPP

Para (für) wird auch vor Verben, wie z. B. *ver* (sehen) verwendet. Dann bedeutet es „um zu“: *para ver* (um zu sehen).

Está aquí. esˈta aˈki	Hier ist es.
No está aquí. ˈno esˈta aˈki	Hier ist es nicht.

SPRACHTIPP

Zur Verneinung wird im Spanischen einfach ein *no* vor das Verb gestellt. So wird *Está aquí* (Hier ist es.) zu *No está aquí* (Hier ist es nicht.).

Worauf man Ihnen möglicherweise erwidern wird:

Hay tiempo. ˈai ˈtjempo	Es ist genug Zeit.
Tengo tiempo. ˈtengo ˈtjempo	Ich habe Zeit.

Sie können natürlich auch Ihren Wortschatz ausbauen, indem Sie neue Wörter dazulernen. Wenn Sie wissen möchten, wie ein bestimmter Gegenstand heißt, können Sie darauf zeigen und fragen:

¿Qué es? ˈke ˈes	Was ist das?
¿Qué es esto? ˈke es ˈesto	Was ist das da?
¿Cómo se llama? ˈkomo se ˈjama	Wie heißt das?
¿Cómo se llama esto? ˈkomo se ˈjama ˈesto	Wie heißt das da?

Falls Ihr Gegenüber plötzlich ohne ersichtlichen Grund erstaunt aussehen sollte, könnte es daran liegen, dass Sie etwas nicht ganz richtig gesagt haben. So können Sie sich nach dem Fehler erkundigen:

¿Qué está mal? ˈke esˈta ˈmal	Was ist falsch?
¿Está mal? esˈta ˈmal	Ist das falsch?

SPRACHTIPP

Im Spanischen bildet man Fragen mit einem Fragewort zu Beginn des Satzes, z. B. wie im obigen Satz mit *qué* (was). Ansonsten kann man aber auch einen normalen Aussagesatz mit fragender Stimme sprechen. Dadurch wird z. B. *Está mal* (Das ist falsch.) zu der Frage *¿Está mal?* (Ist das falsch?).

¿No está bien? ˈno esˈta ˈbjen	Ist das nicht richtig?
¿Algo no está bien? ˈalgo no esˈta ˈbjen	Ist etwas nicht richtig?
¿Qué no está bien? ˈke no esˈta ˈbjen	Was ist nicht richtig?

Falls Sie den Verdacht haben, dass ein von Ihnen verwendetes Wort nicht korrekt war, können Sie auf den Gegenstand zeigen, von dem Sie sprechen möchten, und fragen:

¿… [Wort wiederholen] no está bien? ˈno esˈta ˈbjen	Ist … nicht richtig?
¿No es un… [Wort]? ˈno es un	Ist das kein …?
¿Esto no es un…? ˈesto ˈno es un	Ist das da kein …?
¿Esto no es una…? ˈesto ˈno es ˈuna	Ist das da keine …?
¿No se llama…? ˈno se ˈjama	Heißt das nicht …?
¿Esto no se llama…? ˈesto ˈno se ˈjama	Heißt das da nicht …?

Smalltalk

Das Befinden

Die Frage nach dem Befinden des Gesprächspartners gehört bei Freunden, Freundinnen und Bekannten mit zum Gruß. Man erwartet darauf aber keine ausführliche Auskunft.

¿Cómo estás? ˈkomo esˈtas	Wie geht es dir?
¿Cómo está? ˈkomo esˈta	Wie geht es Ihnen?

KULTURTIPP

Im Spanischen gibt es wie im Deutschen eine Du-Form – z. B. *haces* „du machst“ – und eine höflichere Sie-Form – z. B. *hace* „Sie machen“ –, wobei man sich allerdings etwas leichter duzt als im Deutschen.

In der Regel antwortet man auf die Frage nach dem Befinden positiv, genau wie im Deutschen:

Bien. ˈbjen	Gut.
Muy bien. ˈmui ˈbjen	Sehr gut.
Muy bien, gracias. ˈmui ˈbjen ˈgraθias	Sehr gut, danke.
Bien, gracias. ˈbjen ˈgraθias	Gut, danke.
Estoy bien, gracias. esˈtoi ˈbjen ˈgraθias	Es geht mir gut, danke.
Estamos bien, gracias. esˈtamos ˈbjen ˈgraθias	Es geht uns gut, danke.

No podría ir mejor. no po'dria ir me'chor	Es könnte nicht besser gehen.
¿Y usted? i us'teθ	Und wie geht es Ihnen?

Aber natürlich kann die Antwort auch einmal weniger gut ausfallen:

No muy bien. 'no mui 'bjen	Nicht sehr gut.
No demasiado bien. 'no dema'sjado 'bjen	Nicht allzu gut.
Mal. mal	Schlecht.
Muy mal. mui 'mal	Sehr schlecht.
Podría ir mejor. po'dria ir me'chor	Es könnte besser gehen.
Podría ir mucho mejor. po'dria 'ir 'mutscho me'chor	Es könnte viel besser gehen.

Wenn Sie wissen, dass es jemandem in letzter Zeit nicht so gut ging, können Sie auch genauer nachfragen:

¿Cómo estás hoy? 'komo es'tas 'oi	Wie geht es dir heute?
¿Cómo está hoy? 'komo es'ta 'oi	Wie geht es Ihnen heute?
¿Estás mejor? es'tas me'chor	Geht es dir besser?
¿Ya está mejor? 'ja es'ta me'chor	Geht es Ihnen schon besser?
¿Estás mejor hoy? es'tas me'chor 'oi	Geht es dir heute besser?

Dann lautet die Antwort hoffentlich:

Mejor. me'chor	Besser.
Sí, estoy mejor. 'si es'toi me'chor	Ja, es geht mir besser.
Ya estamos mejor. 'ja es'tamos me'chor	Es geht uns schon besser.
Hoy estoy mejor. 'oi es'toi me'chor	Heute geht es mir besser.
Estoy mucho mejor. es'toi 'mutscho me'chor	Es geht mir viel besser.
Hoy ya estoy mucho mejor. 'oi ja es'toi 'mutscho me'chor	Heute geht es mir schon viel besser.

Falls noch keine Besserung eingetreten sein sollte, können Sie versuchen, Ihr Gegenüber etwas aufzumuntern:

Con el tiempo va a ir mejor. kon el 'tjempo wa a 'ir me'chor	Mit der Zeit wird es besser gehen.

SPRACHTIPP

Ursprünglich bedeutet *ir* „gehen". In Verbindung mit *a* und einem zweiten Verb in der Grundform wird es aber auch verwendet, um über die Zukunft zu sprechen: *Mañana va a ser mejor* heißt dann folglich „Morgen wird es besser sein".

Herkunft

Gerade im Urlaub ist die Frage, wo man herkommt, meist eine der ersten. Sie können sie folgendermaßen stellen und beantworten:

¿De dónde eres? de ˈdonde ˈeres	Woher kommst du?
¿De dónde es usted? de ˈdonde es usˈteθ	Woher kommen Sie?
Soy de Alemania.* ˈsoi de aleˈmania	Ich bin aus Deutschland.
Somos de Alemania. ˈsomos de aleˈmania	Wir sind aus Deutschland.
¿Y de dónde en Alemania? i de ˈdonde en aleˈmania	Und woher in Deutschland?
Soy de… [Name der Stadt] ˈsoi de	Ich bin aus …
Somos de… [Stadt] ˈsomos de	Wir sind aus …
¿Dónde vives? ˈdonde ˈwiwes	Wo lebst du?
¿Dónde vive usted? ˈdonde ˈwiwe usˈteθ	Wo leben Sie?
Vivo en… [Stadt] ˈwiwo en	Ich lebe in …
Vivimos en… [Stadt] wiˈwimos en	Wir leben in …

* **Austria** ˈaustria — Österreich
Suiza ˈsuiθa — Schweiz

¿No es cerca de… [Stadt] no es ˈθerka de	Ist das nicht in der Nähe von …?
Sí, es cerca de… [Stadt] ˈsi es ˈθerka de	Ja, das ist in der Nähe von …
Sí, es muy cerca de… [Stadt] ˈsi es mui ˈθerka de	Ja, das ist ganz in der Nähe von …
No, no es cerca de… [Stadt] ˈno no es ˈθerka de	Nein, das ist nicht in der Nähe von …
Vivo cerca de… [Stadt] ˈwiwo ˈθerka de	Ich lebe in der Nähe von …
Vivimos cerca de… [Stadt] wiˈwimos ˈθerka de	Wir leben in der Nähe von …

SPRACHTIPP

Lassen Sie sich nicht verwirren: Das spanische *no* hat die Bedeutungen „nein" und „nicht", sodass es in manchen Sätzen gleich zweimal hintereinander steht, wie z. B. in *No, no es cerca de…* (Nein, das ist nicht in der Nähe von …).

¿Qué hay cerca de… [Stadt] ˈke ai ˈθerka de	Was gibt es in der Nähe von …?
… [Stadt] está cerca de… [Stadt] esˈta ˈθerka de	… ist in der Nähe von …
¿Eres de aquí? ˈeres de aˈki	Bist du von hier?
¿Usted es de aquí? usˈteθ es de aˈki	Sind Sie von hier?

Sí, soy de aquí. ˈsi soi de aˈki	Ja, ich bin von hier.
Sí, somos de aquí. ˈsi ˈsomos de aˈki	Ja, wir sind von hier.
No soy de aquí. ˈno soi de aˈki	Ich bin nicht von hier.
No, no somos de aquí. ˈno ˈno ˈsomos de aˈki	Nein, wir sind nicht von hier.
Pero vivo cerca de aquí. ˈpero ˈwiwo ˈθerka de aˈki	Aber ich lebe in der Nähe von hier.

Vielleicht waren Ihre Gesprächspartner oder Gesprächspartnerinnen ja schon einmal in Ihrem Herkunftsland:

Ya he estado en Alemania*. ˈja e esˈtado en aleˈmania	Ich war schon in Deutschland.
Ya hemos estado en Alemania. ˈja ˈemos esˈtado en aleˈmania	Wir waren schon in Deutschland.

SPRACHTIPP

Mit den Hilfsverben *he/hemos* und Formen wie *estado* (gewesen) können Sie über Vergangenes sprechen.

---

* **Austria** ˈaustria	Österreich
Suiza ˈsuiθa	Schweiz

Dann hören Sie wahrscheinlich auch:

Alemania* es muy bonita. ale'mania es 'mui bo'nita	Deutschland ist sehr schön.
Alemania me gusta. ale'mania me 'gusta	Deutschland gefällt mir.
Alemania nos gusta mucho. ale'mania nos 'gusta 'mutscho	Deutschland gefällt uns sehr gut.

Und es kann zu einem Austausch weiterer allgemeiner Eindrücke kommen:

En Alemania se puede comer muy bien. en ale'mania se 'puede ko'mer mui 'bjen	In Deutschland kann man sehr gut essen.
En Alemania hay mucho que ver. en ale'mania ai 'mutscho ke 'wer	In Deutschland gibt es viel zu sehen.

SPRACHTIPP

Se bedeutet nicht nur „sich", sondern auch „man", z. B. in *Se come bien.* (Man isst gut.).

---

* **Austria** 'austria	Österreich
Suiza 'suiθa	Schweiz

Woraufhin Sie entgegnen könnten:

Sí, pero aquí también. ˈsi ˈpero aˈki tamˈbjen	Ja, aber hier auch.
Aquí también se come muy bien. aˈki tamˈbien se ˈkome mui ˈbjen	Hier isst man auch sehr gut.
Aquí también se puede ver mucho. aˈki tamˈbjen se ˈpuede wer ˈmutscho	Hier kann man auch viel ansehen.

Möglicherweise waren Ihre Gesprächspartner oder Gesprächspartnerinnen sogar schon einmal an Ihrem Wohnort:

Ya he estado en… [Stadt] ˈja e esˈtado en	Ich war schon in …
Ya hemos estado en… [Stadt] ˈja ˈemos esˈtado en	Wir waren schon in …
… [Stadt] me gusta mucho. me ˈgusta ˈmutscho	… gefällt mir sehr gut.
… [Stadt] nos gusta mucho. nos ˈgusta ˈmutscho	… gefällt uns sehr gut.

Alter

Die folgenden Sätze ermöglichen Ihnen, Ihr Gegenüber nach dessen Alter zu fragen, beziehungsweise Ihr eigenes Alter zu nennen.

¿Cuántos años tienes? ˈkuantos ˈanjos ˈtjenes	Wie alt bist du?
¿Cuántos años tiene usted? ˈkuantos ˈanjos ˈtjene usˈteθ	Wie alt sind Sie?
Tengo… [Zahl] años. ˈtengo… ˈanjos	Ich bin … Jahre alt.
Ya tengo… [Zahl] años. ˈja ˈtengo… ˈanjos	Ich bin schon … Jahre alt.

SPRACHTIPP

Wörtlich sagt man auf Spanisch also „Ich habe … Jahre". Die für Altersangaben notwendigen Zahlen finden Sie auf Seite 119.

Yo también. ˈjo tamˈbjen	Ich auch.
Yo también tengo… [Zahl] años. ˈjo tamˈbjen ˈtengo… ˈanjos	Ich bin auch … Jahre alt.
Yo tengo un año más. ˈjo ˈtengo ˈun ˈanjo ˈmas	Ich bin ein Jahr älter.
Yo tengo dos años más. ˈjo ˈtengo ˈdos ˈanjos ˈmas	Ich bin zwei Jahre älter.
Mañana voy a tener … [Zahl] años. maˈnjana woi a teˈner… ˈanjos	Morgen werde ich … Jahre alt.

SPRACHTIPP

Más kann wie seine deutsche Entsprechung *mehr* alleine stehen: *Quiero más.* (Ich möchte mehr.).

Bei der Frage nach dem Alter sollte man natürlich etwas Fingerspitzengefühl zeigen, denn manche Menschen geben darüber nicht so gerne Auskunft. Dann bekommen Sie vielleicht die Antwort:

Muchos. ˈmutschos	Viele Jahre alt.
Demasiados. demaˈsjados	Zu (viele Jahre) alt.

Eindrücke vom Urlaubsort

Bestimmt möchten Sie darüber sprechen, wie gut es Ihnen an Ihrem Urlaubsort gefällt, oder andere danach fragen. Dann sagt man:

¿Te gusta aquí? te ˈgusta aˈki	Gefällt es dir hier?
¿Le gusta aquí? le ˈgusta aˈki	Gefällt es Ihnen hier?

Wenn es Ihnen gut gefällt, können Sie auf solch eine Frage erwidern:

Sí, me gusta. ˈsi me ˈgusta	Ja, es gefällt mir.
Sí, me gusta mucho. ˈsi me ˈgusta ˈmutscho	Ja, es gefällt mir sehr gut.

Sí, nos gusta mucho aquí. ˈsi nos ˈgusta ˈmutscho aˈki	Ja, es gefällt uns hier sehr gut.
Sí, me gusta todo. ˈsi me ˈgusta ˈtodo	Ja, mir gefällt alles.
Sí, aquí nos gusta todo. ˈsi aˈki nos ˈgusta ˈtodo	Ja, hier gefällt uns alles.
Sí, me gusta más que en… [Name der Stadt] ˈsi me ˈgusta ˈmas ke en	Ja, es gefällt mir besser als in …

SPRACHTIPP

Wenn Sie etwas vergleichen möchten, können Sie *más que* (mehr als) verwenden: *Come más que…* (Er isst mehr als …); *Me gusta más que…* (Es gefällt mir besser als …). In Vergleichen entspricht *que* also dem deutschen „als". *Más* (mehr) benutzt man auch bei der Steigerung der meisten Adjektive: *bonito* (schön) – *más bonito* (schöner) – *el más bonito* (der schönste).

Aber leider hat man manchmal auch Pech, oder es hat einem woanders einfach besser gefallen:

¿No te gusta aquí? ˈno te ˈgusta aˈki	Gefällt es dir hier nicht?
¿No le gusta aquí? ˈno le ˈgusta aˈki	Gefällt es Ihnen hier nicht?
No, no me gusta. ˈno ˈno me ˈgusta	Nein, es gefällt mir nicht.

No me gusta nada.
ˈno me ˈgusta ˈnada

Es gefällt mir überhaupt nicht.

No, no nos gusta nada.
ˈno ˈno nos ˈgusta ˈnada

Nein, es gefällt uns überhaupt nicht.

Aquí no es nada bonito.
aˈki no es ˈnada boˈnito

Hier ist es überhaupt nicht schön.

SPRACHTIPP

Wenn Sie eine Verneinung verstärken möchten, können Sie *no* (nicht) und *nada* (nichts) wie in den obigen Sätzen kombinieren. Dann erhalten Sie die Bedeutung „überhaupt nicht".

Aquí me gusta menos que en… [Stadt]
aˈki me ˈgusta ˈmenos ke en

Hier gefällt es mir weniger als in …

SPRACHTIPP

Menos que (weniger als) können Sie bei Vergleichen verwenden: *Me gusta menos que el otro.* (Es gefällt mir weniger als das andere.) oder *Es menos grande que el otro.* (Es ist weniger groß als das andere.).

Falls es Ihnen ganz besonders gut gefällt, können Sie folgendermaßen darüber sprechen, wie schön es wäre, an Ihrem Urlaubsort zu leben:

Aquí se vive muy bien. aˈki se ˈwiwe mui ˈbjen	Hier lebt man sehr gut.
Me gustaría vivir aquí. me gustaˈria wiˈwir aˈki	Ich würde gerne hier leben.

Aber vielleicht reizt eine solche Aussicht Sie auch nicht besonders:

No me gustaría vivir aquí todo el tiempo. ˈno me gustaˈria wiˈwir aˈki ˈtodo el ˈtjempo	Ich würde nicht gerne ständig hier wohnen.

Urlaubsgestaltung

So können Sie Ihren neuen Bekannten erzählen, was Sie in Ihrem Urlaub alles unternehmen:

Aquí hay mucho que hacer. aˈki ai ˈmutscho ke aˈθer	Hier gibt es viel, was man tun kann.
Aquí se puede hacer mucho. aˈki se ˈpuede aˈθer ˈmutscho	Hier kann man viel unternehmen.
Hago mucho. ˈago ˈmutscho	Ich unternehme viel.
Hacemos mucho. aˈθemos ˈmutscho	Wir unternehmen viel.
Hay mucho que ver. ai ˈmutscho ke ˈwer	Es gibt viel zu sehen.

Nos gusta ver mucho. Wir schauen gerne viel an.
nos ˈgusta ˈwer ˈmutscho

Vemos mucho. Wir sehen viel (an).
ˈwemos ˈmutscho

Todos los días veo mucho. Ich sehe jeden Tag viel an.
ˈtodos los ˈdias ˈweo ˈmutscho

Pero no se puede ver todo. Aber man kann nicht alles sehen.
ˈpero ˈno se ˈpuede wer ˈtodo

Vamos muy tarde a la cama. Wir gehen sehr spät schlafen.
ˈwamos mui ˈtarde a la ˈkama

Todos los días voy a la… Ich gehe jeden Tag in/an …
ˈtodos los ˈdias ˈwoi a la

piscina
pisˈθina

playa
ˈplaja

ciudad
θjuˈdaθ

Todas las noches nos vamos a beber algo. Wir gehen jede Nacht etwas trinken.
ˈtodas las ˈnotsches nos ˈwamos a beˈber ˈalgo

Aber vielleicht sind Sie ja eher zum Ausruhen da. Dann können Sie sagen:

No hago nada. ˈno ˈago ˈnada Ich mache nichts.

Nos gusta no hacer nada. Es gefällt uns, nichts zu tun.
nos ˈgusta ˈno aˈθer ˈnada

Me gusta dormir mucho. me ˈgusta dorˈmir ˈmutscho	Ich schlafe gerne viel.
Es lo que más me gusta. es lo ke ˈmas me ˈgusta	Das gefällt mir am besten.

Doch es kann auch sein, dass Sie sich unfreiwillig ausruhen müssen:

Aquí no se puede hacer nada. aˈki no se ˈpuede aˈθer ˈnada	Hier kann man nichts unternehmen.
No hay nada para ver. ˈno ai ˈnada ˈpara ˈwer	Es gibt nichts anzusehen.

Meist kommt man auch darauf zu sprechen, wie lange man da ist und wie lange man noch bleibt:

¿Cuántos días estás aquí? ˈkuantos ˈdias esˈtas aˈki	Wie viele Tage bist du hier?
¿Cuántos días ya está aquí? ˈkuantos ˈdias ja esˈta aˈki	Wie viele Tage sind Sie schon hier?
¿Cuántos días vas a estar aquí? ˈkuantos ˈdias was a esˈtar aˈki	Wie viele Tage wirst du hier bleiben?
¿Cuántos días va a estar aquí? ˈkuantos ˈdias wa a esˈtar aˈki	Wie viele Tage werden Sie hier bleiben?
Estoy aquí un día. esˈtoi aˈki ˈun ˈdia	Ich bleibe einen Tag hier.
Estamos aquí dos días. esˈtamos aˈki ˈdos ˈdias	Wir bleiben zwei Tage hier.
Ya estoy aquí dos días. ja esˈtoi aˈki ˈdos ˈdias	Ich bin schon zwei Tage hier.

Vamos a estar aquí dos días más. ˈwamos a esˈtar aˈki ˈdos ˈdias ˈmas — Wir werden noch zwei Tage hier sein.

Nos vamos a ir mañana. nos ˈwamos a ˈir maˈnjana — Wir werden morgen abreisen.

SPRACHTIPP

Wenn man das spanische Wort *ir* (gehen) in der Bedeutung „weggehen" oder „abreisen" verwenden möchte, stellt man *me, te, se* oder *nos* davor: *Me voy.* (Ich gehe weg.).

Das Wetter

Das Wetter ist oft ein dankbares Gesprächsthema. Eigentlich sollte an Ihrem Urlaubsort schönes Wetter herrschen:

Hace buen tiempo. ˈaθe ˈbuen ˈtjempo — Das Wetter ist schön.

Hace muy buen tiempo. ˈaθe ˈmui buen ˈtjempo — Das Wetter ist sehr schön.

Aquí hace buen tiempo. aˈki ˈaθe ˈbuen ˈtjempo — Hier ist das Wetter schön.

Hace muy buen tiempo aquí. ˈaθe ˈmui buen ˈtjempo aˈki — Das Wetter ist sehr schön hier.

Hoy hace muy buen tiempo. ˈoi ˈaθe ˈmui buen ˈtjempo — Heute ist das Wetter sehr schön.

El tiempo aquí es muy bueno. el ˈtjempo aˈki es ˈmui ˈbueno — Das Wetter hier ist sehr schön.

El tiempo aquí es bueno todos los días. el ˈtjempo aˈki es ˈbueno ˈtodos los ˈdias	Hier ist immer schönes Wetter.

SPRACHTIPP

Wie Sie an den obigen Sätzen erkennen können, verwendet man im Spanischen das Verb *hacer*, um über das Wetter zu sprechen.

Aber natürlich kann man auch Pech mit dem Wetter haben:

Hace mal tiempo. ˈaθe ˈmal ˈtjempo	Das Wetter ist schlecht.
Hace muy mal tiempo. ˈaθe ˈmui ˈmal ˈtjempo	Das Wetter ist sehr schlecht.
Hoy el tiempo no es muy bueno. ˈoi el ˈtjempo ˈno es mui ˈbueno	Heute ist das Wetter nicht besonders schön.
No, pero mañana va a ser mejor. ˈno ˈpero maˈnjana wa a ˈser meˈchor	Nein, aber morgen wird es besser sein.
No, pero no se puede hacer nada. ˈno ˈpero ˈno se ˈpuede aˈθer ˈnada	Nein, aber da kann man nichts machen.
Podría hacer mejor tiempo. poˈdria aˈθer meˈchor ˈtjempo	Das Wetter könnte schöner sein.
El tiempo aquí no es muy bueno. el ˈtjempo aˈki ˈno es mui ˈbueno	Das Wetter ist nicht besonders schön hier.

No, pero me gusta. ˈno ˈpero me ˈgusta	Nein, aber es gefällt mir.

Wahrscheinlicher ist jedoch, dass es Ihnen eher zu heiß als zu kalt sein wird:

¡Qué calor! ˈke kaˈlor	Was für eine Hitze!
¡Qué calor hace! ˈke kaˈlor ˈaθe	Wie heiß es ist!
¡Hace mucho calor! ˈaθe ˈmutscho kaˈlor	Es ist sehr heiß!
¡Hace demasiado calor! ˈaθe demaˈsjado kaˈlor	Es ist zu heiß!
¡Tengo mucho calor! ˈtengo ˈmutscho kaˈlor	Mir ist sehr heiß!
¡Tenemos demasiado calor! teˈnemos demaˈsjado kaˈlor	Uns ist zu heiß!
¡Hoy tengo demasiado calor! ˈoi ˈtengo demaˈsjado kaˈlor	Heute ist es mir zu heiß!
Esta tarde va a hacer menos calor. ˈesta ˈtarde wa a aˈθer ˈmenos kaˈlor	Heute Nachmittag/Abend wird es nicht mehr so heiß sein.

Ein Vergleich zwischen dem Wetter an Ihrem Urlaubsort und dem Wetter bei Ihnen zu Hause bietet sich ebenfalls an:

Hace más calor que en Alemania.* ˈaθe ˈmas kaˈlor ke en aleˈmania	Es ist heißer als in Deutschland.

---

* **Austria** ˈaustria	Österreich
Suiza ˈsuiθa	Schweiz

Aquí hace menos calor que en Alemania. aˈki ˈaθe ˈmenos kaˈlor ke en aleˈmania

Hier ist es kälter als in Deutschland.

El tiempo aquí es mejor que en Alemania. el ˈtjempo aˈki es meˈchor ke en aleˈmania

Das Wetter ist hier besser als in Deutschland.

Komplimente und Lob

Kleine Komplimente erhalten die Freundschaft. Vielleicht möchten Sie Ihren neuen Bekannten ja etwas Nettes sagen, zum Beispiel über deren Kleidung:

Tu… es muy bonito.
tu… es ˈmui boˈnito

Dein … ist sehr schön.

vestido
wesˈtido

sombrero
somˈbrero

anillo
aˈnijo

Su… es muy bonita.
su… es ˈmui boˈnita

Ihre … ist sehr schön.

blusa
ˈblusa

corbata
korˈbata

Esto te va muy bien.* ˈesto te wa mui ˈbjen	Das hier steht dir sehr gut.
Esto le va muy bien. ˈesto le wa mui ˈbjen	Das hier steht Ihnen sehr gut.
Esto es muy bonito. ˈesto es mui boˈnito	Das da ist sehr schön.
Esto también me gustaría. ˈesto tamˈbjen me gustaˈria	Das würde mir auch gut gefallen.

Vielleicht möchten Sie aber auch ausdrücken, wie gut Sie jemanden finden:

¡Eres el mejor! ˈeres el meˈchor	Du bist der Beste!
¡Eres la mejor! ˈeres la meˈchor	Du bist die Beste!

* Achtung feste Wendung:
Te/Le va bien. te/le wa ˈbjen — Es steht dir/Ihnen gut.

Unterkunft

Zimmersuche

So können Sie sich nach freien Zimmern erkundigen und diese bestellen:

¿Tiene una habitación? ˈtjene ˈuna abitaˈθjon	Haben Sie ein Zimmer?
¿Tiene habitaciones? ˈtjene abitaθjones	Haben Sie Zimmer?
Necesito una habitación. neθeˈsito ˈuna abitaˈθjon	Ich brauche ein Zimmer.
Necesitamos dos habitaciones. neθesiˈtamos ˈdos abitaˈθjones	Wir brauchen zwei Zimmer.

Und so können Sie Ihre Zimmerwünsche etwas genauer formulieren:

¿Tiene una habitación con una cama? ˈtjene ˈuna abitaˈθjon kon ˈuna ˈkama	Haben Sie ein Zimmer mit einem Bett?
¿Tiene una habitación con dos camas? ˈtjene ˈuna abitaˈθjon kon ˈdos ˈkamas	Haben Sie ein Zimmer mit zwei Betten?
Necesito una habitación con una cama. neθeˈsito ˈuna abitaˈθjon kon ˈuna ˈkama	Ich brauche ein Zimmer mit einem Bett.
Necesitamos una habitación con dos camas. neθesiˈtamos ˈuna abitaˈθjon kon ˈdos ˈkamas	Wir brauchen ein Zimmer mit zwei Betten.

Necesitamos dos habitaciones con dos camas.
neθesiˈtamos ˈdos abitaˈθjones kon ˈdos ˈkamas

Wir brauchen zwei Zimmer mit zwei Betten.

Necesitamos una habitación con una cama y otra habitación con dos camas.
neθesiˈtamos ˈuna abitaˈθjon kon ˈuna ˈkama i ˈotra abitaˈθjon kon ˈdos ˈkamas

Wir brauchen ein Zimmer mit einem Bett und ein anderes Zimmer mit zwei Betten.

Dann wird man Sie vermutlich nach dem gewünschten Zeitraum fragen:

¿Para cuándo? ˈpara ˈkuando

Für wann?

¿Hasta cuándo? ˈasta ˈkuando

Bis wann?

¿De cuándo hasta cuándo?
de ˈkuando ˈasta ˈkuando

Von wann bis wann?

¿Hasta qué día?
ˈasta ˈke ˈdia

Bis zu welchem Tag?

¿De qué día hasta qué día?
de ˈke ˈdia ˈasta ˈke ˈdia

Von welchem Tag bis zu welchem Tag?

¿Para cuántas noches?
ˈpara ˈkuantas ˈnotsches

Für wie viele Nächte?

Woraufhin Sie erwidern können:

Es para hoy y mañana.
es ˈpara ˈoi i maˈnjana

Es ist für heute und morgen.

De hoy hasta mañana.
de ˈoi ˈasta maˈnjana

Von heute bis morgen.

Es para una noche. Es ist für eine Nacht.
ˈes ˈpara ˈuna ˈnotsche

Es para dos noches. Es ist für zwei Nächte.
ˈes ˈpara ˈdos ˈnotsches

Hasta el día uno. Bis zum Ersten.
ˈasta el ˈdia ˈuno

Hasta el día… Bis zum …ten.
ˈasta el ˈdia

▶ **DIE ZAHLEN** finden Sie auf Seite 119.

De hoy hasta el día dos. Von heute bis zum Zweiten.
de ˈoi ˈasta el ˈdia ˈdos

Hasta el… ˈasta el Bis zum …

▶ **DIE WOCHENTAGE** finden Sie auf Seite 121.

Wenn nichts mehr frei ist, können Sie nachfragen:

¿Y dónde hay algo? Und wo gibt es etwas?
i ˈdonde ˈai ˈalgo

¿Dónde hay habitaciones cerca de aquí? ˈdonde ai abitaˈθjones ˈθerka de aˈki Wo gibt es hier in der Nähe Zimmer?

Ausstattung und Extras

Wenn ein Zimmer frei ist, haben Sie vielleicht noch einige Wünsche bezüglich des Komforts:

Me gustaría una habitación con... me gusta'ria 'una abita'θjon kon

Ich hätte gerne ein Zimmer mit …

lavabo
la'wabo

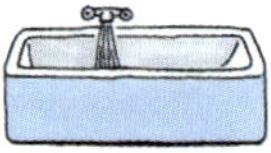

bañera
ba'njera

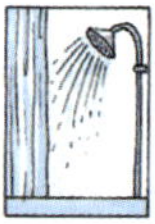

ducha
'dutscha

wáter
'water

KULTURTIPP

In Spanien gibt es meistens anstatt einer Mischbatterie zwei getrennte kleine Wasserhähne für heißes und kaltes Wasser. Achtung: Das heiße Wasser kann fast kochend heiß sein!

¿Hay... en la habitación?
'ai... en la abita'θjon

Gibt es im Zimmer einen …?

televisor
telewi'sor

teléfono
te'lefono

nevera
ne'wera

ventilador
wentila'dor

¿Es con…? ˈes kon — Ist es mit …?

desayuno
desaˈjuno

comida
koˈmida

cena
ˈθena

Por favor, quiero la habitación más bonita. por faˈwor ˈkjero la abitaˈθjon ˈmas boˈnita — Ich möchte bitte das schönste Zimmer.

Nos gustaría tener la habitación más grande. nos gustaˈria teˈner la abitaˈθjon ˈmas ˈgrande — Wir hätten gerne das größte Zimmer.

Preise

Und so können Sie sich nach dem Preis erkundigen:

¿Cuánto cuesta una noche? ˈkuanto ˈkuesta ˈuna ˈnotsche — Wie teuer ist eine Nacht?

¿Cuánto cuestan dos noches? ˈkuanto ˈkuestan ˈdos ˈnotsches — Wie teuer sind zwei Nächte?

¿Cuánto cuesta por noche? ˈkuanto ˈkuesta por ˈnotsche — Wie teuer ist es pro Nacht?

¿Cuánto cuesta por todo el tiempo? ˈkuanto ˈkuesta por ˈtodo el ˈtjempo — Wie teuer ist es für die gesamte Zeit?

¿Cuánto cuesta con...? Wie viel kostet es mit ...?
ˈkuanto ˈkuesta kon

desayuno
desaˈjuno

comida
koˈmida

cena
ˈθena

¿Cuándo hay que pagar? Wann muss man zahlen?
ˈkuando ai ke paˈgar

¿Tengo que pagar hoy? Muss ich heute zahlen?
ˈtengo ke paˈgar ˈoi

¿Puedo pagar mañana? Kann ich morgen zahlen?
ˈpuedo paˈgar maˈnjana

SPRACHTIPP

Tener bedeutet eigentlich „haben“. In Verbindung mit *que* heißt es aber „müssen“, z. B. *Tengo que comer algo.* (Ich muss etwas essen.).
Hay que bedeutet „man muss“.

Möglicherweise ist Ihnen die angebotene Unterkunft aber zu teuer:

La habitación cuesta mucho. la abita'θjon 'kuesta 'mutscho	Das Zimmer kostet sehr viel.
La habitación cuesta demasiado. la abita'θjon 'kuesta dema'sjado	Das Zimmer kostet zu viel.
Estas habitaciones cuestan demasiado. 'estas abita'θjones 'kuestan dema'sjado	Diese Zimmer kosten zu viel.
¿Cuesta menos por más noches? 'kuesta 'menos por 'mas 'notsches	Kosten mehr Nächte weniger?
Quiero pagar menos. 'kjero pa'gar 'menos	Ich möchte weniger zahlen.

Vielleicht möchten Sie sich die Unterkunft ja ansehen, bevor Sie sich dafür entscheiden:

Me gustaría ver la habitación. me gusta'ria 'wer la abita'θjon	Ich würde das Zimmer gerne sehen.
Nos gustaría ver las habitaciones. nos gusta'ria 'wer las abita'θjones	Wir würden die Zimmer gerne sehen.
Por favor, quiero ver la habitación. por fa'wor 'kjero 'wer la abita'θjon	Ich möchte bitte das Zimmer sehen.

Entscheidung

Wenn Sie mit der Unterkunft einverstanden sind, können Sie sagen:

La habitación me gusta. la abitaˈθjon me ˈgusta	Das Zimmer gefällt mir.
Esta habitación me gusta. ˈesta abitaˈθjon me ˈgusta	Dieses Zimmer gefällt mir.
La habitación es bonita. la abitaˈθjon es boˈnita	Das Zimmer ist schön.
Esta habitación es muy bonita. ˈesta abitaˈθjon es ˈmui boˈnita	Dieses Zimmer ist sehr schön.
La habitación está bien. la abitaˈθjon esˈta ˈbjen	Das Zimmer ist in Ordnung.
La cama es muy buena. la ˈkama es ˈmui ˈbuena	Das Bett ist sehr gut.

SPRACHTIPP

Está bien ist eine feste Wendung und bedeutet „in Ordnung", unabhängig davon, ob man von etwas spricht, das eine lange oder kurze Dauer hat.

Und so können Sie ausdrücken, dass Ihnen die angebotene Unterkunft nicht gefällt:

No quiero esta habitación. ˈno ˈkjero ˈesta abitaˈθjon	Dieses Zimmer möchte ich nicht.
No queremos dormir aquí. ˈno keˈremos dorˈmir aˈki	Hier möchten wir nicht schlafen.

No puedo dormir aquí. ˈno ˈpuedo dorˈmir aˈki	Hier kann ich nicht schlafen.
No voy a dormir aquí. ˈno ˈwoi a dorˈmir aˈki	Hier werde ich nicht schlafen.
No vamos a dormir en esta habitación. ˈno ˈwamos a dorˈmir en ˈesta abitaˈθjon	In diesem Zimmer werden wir nicht schlafen.

Und vielleicht passt ja einer der folgenden Gründe:

La habitación no es bonita. la abitaˈθjon ˈno es boˈnita	Das Zimmer ist nicht schön.
Esta habitación no es muy bonita. ˈesta abitaˈθjon ˈno es mui boˈnita	Dieses Zimmer ist nicht sehr schön.
Esta habitación no es nada bonita. ˈesta abitaˈθjon ˈno es ˈnada boˈnita	Dieses Zimmer ist überhaupt nicht schön.
Esta habitación no me gusta. ˈesta abitaˈθjon ˈno me ˈgusta	Dieses Zimmer gefällt mir nicht.
La habitación no es muy grande. la abitaˈθjon ˈno es mui ˈgrande	Das Zimmer ist nicht sehr groß.
Hace mucho calor en esta habitación. ˈaθe ˈmutscho kaˈlor en ˈesta abitaˈθjon	In diesem Zimmer ist es sehr heiß.
Hace demasiado calor en esta habitación. ˈaθe demaˈsjado kaˈlor en ˈesta abitaˈθjon	In diesem Zimmer ist es zu heiß.

No hace mucho calor en esta habitación. ˈno ˈaθe ˈmutscho kaˈlor en ˈesta abitaˈθjon
In diesem Zimmer ist es nicht gerade warm.

Die folgenden Sätze sollten Ihnen dabei helfen, eine Unterkunft zu bekommen, die Ihnen mehr zusagt.

¿Tiene otra habitación? ˈtjene ˈotra abitaˈθjon
Haben Sie ein anderes Zimmer?

¿Tiene una habitación más bonita? ˈtjene ˈuna abitaˈθjon ˈmas boˈnita
Haben Sie ein schöneres Zimmer?

¿Tiene una habitación más grande? ˈtjene ˈuna abitaˈθjon ˈmas ˈgrande
Haben Sie ein größeres Zimmer?

¿Hay una habitación más bonita? ˈai ˈuna abitaˈθjon ˈmas boˈnita
Gibt es ein schöneres Zimmer?

Quiero otra habitación. ˈkjero ˈotra abitaˈθjon
Ich möchte ein anderes Zimmer.

Quiero una habitación más grande. ˈkjero ˈuna abitaˈθjon ˈmas ˈgrande
Ich möchte ein größeres Zimmer.

Quiero otra cama. ˈkjero ˈotra ˈkama
Ich möchte ein anderes Bett.

Necesitamos una habitación con una cama más. neθesiˈtamos ˈuna abitaˈθjon kon ˈuna ˈkama ˈmas
Wir brauchen ein Zimmer mit einem Bett mehr.

Quiero una habitación con una cama más grande. ˈkjero ˈuna abitaˈθjon kon ˈuna ˈkama mas ˈgrande	Ich möchte ein Zimmer mit einem größeren Bett.
Por favor, quiero una habitación con una cama mejor. por faˈwor ˈkjero ˈuna abitaˈθjon kon ˈuna ˈkama meˈchor	Ich möchte bitte ein Zimmer mit einem besseren Bett.

Und vielleicht gefällt Ihnen das nächste Zimmer ja besser:

Esta habitación me gusta más. ˈesta abitaˈθjon me ˈgusta ˈmas	Dieses Zimmer gefällt mir besser.
Esta habitación me gusta más que la otra. ˈesta abitaˈθjon me ˈgusta ˈmas ke la ˈotra	Dieses Zimmer gefällt mir besser als das andere.
Esta habitación me gusta mucho más que la otra. ˈesta abitaˈθjon me ˈgusta ˈmutscho ˈmas ke la ˈotra	Dieses Zimmer gefällt mir viel besser als das andere.
Esta habitación es más bonita. ˈesta abitaˈθjon es ˈmas boˈnita	Dieses Zimmer ist schöner.
Esta habitación es mucho más bonita. ˈesta abitaˈθjon es ˈmutscho ˈmas boˈnita	Dieses Zimmer ist viel schöner.
Esta habitación es más bonita que la otra. ˈesta abitaˈθjon es ˈmas boˈnita ke la ˈotra	Dieses Zimmer ist schöner als das andere.

Esta habitación es más grande que la otra. ˈesta abitaˈθjon es ˈmas ˈgrande ke la ˈotra	Dieses Zimmer ist größer als das andere.
Sí, aquí hace más calor. ˈsi aˈki ˈaθe ˈmas kaˈlor	Ja, hier ist es wärmer.
Muy bien, aquí hace menos calor. mui ˈbjen aˈki ˈaθe ˈmenos kaˈlor	Sehr gut, hier ist es kühler.
Quiero esta habitación. ˈkjero ˈesta abitaˈθjon	Ich möchte dieses Zimmer.

Sich zurechtfinden

Bevor Sie Ihr Zimmer beziehen, müssen Sie vielleicht noch einige letzte Punkte klären:

¿Qué habitación es? ˈke abitaˈθjon es	Welches Zimmer ist es?
Es la dos. es la ˈdos	Es ist die (Nummer) zwei.
¿Ya podemos entrar en la habitación? ˈja poˈdemos enˈtrar en la abitaˈθjon	Können wir schon in das Zimmer hineingehen?
¿Hasta cuándo se puede entrar aquí por la noche? ˈasta ˈkuando se ˈpuede enˈtrar aˈki por la ˈnotsche	Bis wann ist hier nachts offen?
Se puede entrar hasta las dos. se ˈpuede enˈtrar ˈasta las ˈdos	Hier ist offen bis um zwei.
Toda la noche. ˈtoda laˈnotsche	Die ganze Nacht über.

Nun müssen Sie sich in Ihrer Unterkunft und der näheren Umgebung orientieren:

¿Dónde está la habitación? ˈdonde esˈta la abitaˈθjon
Wo ist das Zimmer?

Es por aquí. es por aˈki
In dieser Richtung./Hier entlang.

Quiero ir a mi habitación. ˈkjero ˈir a mi abitaˈθjon
Ich möchte auf mein Zimmer gehen.

¿Dónde está? ˈdonde esˈta
Wo ist es?

¿Dónde está…? ˈdonde esˈta
Wo ist …?

la piscina
la pisˈθina

el bar
el ˈbar

el restaurante
el restauˈrante

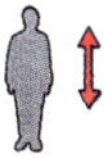

el ascensor
el asθenˈsor

SPRACHTIPP

Sie haben gelernt, dass man sich mit dem Verb *estar* auf vorübergehende Zustände bezieht. Trotzdem wird es auch in Fragen nach Ortsangaben verwendet, z. B. in *¿Dónde está mi habitación?* (Wo ist mein Zimmer?), auch wenn es sich dabei um eine dauerhaftere Einrichtung handelt.

¿Dónde se come por la mañana? ˈdonde se ˈkome por la maˈnjana
Wo isst man morgens?

¿Cuándo se come por la mañana? ˈkuando se ˈkome por la maˈnjana — Wann isst man morgens?

A las… [Zahl] a las — Um … Uhr.

De las… [Zahl] hasta las… [Zahl] de las… ˈasta las — Von … bis … Uhr.

▶ **DIE ZAHLEN** finden Sie auf Seite 119.

¿Dónde se come aquí por la tarde? ˈdonde se ˈkome aˈki por la ˈtarde — Wo isst man hier abends?

¿Cuándo se come aquí por la tarde? ˈkuando se ˈkome aˈki por la ˈtarde — Wann isst man hier abends?

Vielleicht haben Sie bei Ihrer Ankunft ja auch schon Hunger oder Durst. Dann können Sie fragen:

¿Dónde puedo comer algo? ˈdonde ˈpuedo koˈmer ˈalgo — Wo kann ich etwas essen?

¿Dónde podemos beber algo? ˈdonde poˈdemos beˈber ˈalgo — Wo können wir etwas trinken?

¿Dónde puedo comprar algo para comer? ˈdonde ˈpuedo komˈprar ˈalgo ˈpara koˈmer — Wo kann ich etwas zu essen kaufen?

¿Dónde podemos comprar algo para beber? ˈdonde poˈdemos komˈprar ˈalgo ˈpara beˈber — Wo können wir etwas zu trinken kaufen?

¿Hay algo para beber en la habitación? ˈai ˈalgo ˈpara beˈber en la abitaˈθjon

Gibt es im Zimmer etwas zu trinken?

Beschwerden

Selbst im besten Hotel kann es vorkommen, dass etwas nicht funktioniert. Dann können Sie sagen:

Esto está roto. ˈesto esˈta ˈroto

Das hier ist kaputt.

El… está roto.
el… esˈta ˈroto

Der … ist kaputt.

televisor
telewiˈsor

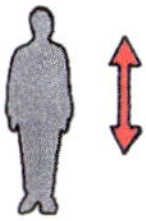

ascensor
asθenˈsor

Mi cama está rota.
mi ˈkama esˈta ˈrota

Mein Bett ist kaputt.

La… está rota.
la… esˈta ˈrota

Die … ist kaputt.

bañera
baˈnjera

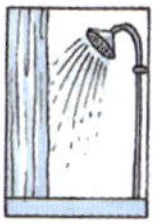

ducha
ˈdutscha

lámpara
ˈlampara

Und so können Sie verlangen, dass etwas gegen den Missstand unternommen wird:

¡Hay que hacer algo! ˈai ke aˈθer ˈalgo	Man muss etwas tun!
¡Tiene que hacer algo! ˈtjene ke aˈθer ˈalgo	Sie müssen etwas tun!
¿Qué se puede hacer? ˈke se ˈpuede aˈθer	Was kann man tun?
¿Qué va a hacer? ˈke wa a aˈθer	Was werden Sie tun?
¿Cuándo va a hacer algo? ˈkuando wa a aˈθer ˈalgo	Wann werden Sie etwas tun?

Abreise

Früher oder später werden Sie wohl auch Auskunft über Ihren Abreisetermin geben müssen:

¿Qué día se va a ir? ˈke ˈdia se ˈwa a ˈir	An welchem Tag werden Sie abreisen?
Me voy hoy. me ˈwoi ˈoi	Ich reise heute ab.
Nos vamos mañana. nos ˈwamos maˈnjana	Wir reisen morgen ab.
Nos vamos a ir mañana. nos ˈwamos a ˈir maˈnjana	Wir werden morgen abreisen.
Me voy a ir mañana. me ˈwoi a ˈir maˈnjana	Ich werde morgen abreisen.
Nos vamos a ir mañana por la mañana. nos ˈwamos a ˈir maˈnjana por la maˈnjana	Wir werden morgen früh abreisen.

Nos vamos el... [Wochentag] nos ˈwamos el	Wir reisen am … [Wochentag] ab.
Nos vamos a ir el... nos ˈwamos a ˈir el	Wir werden am … abreisen.

▶ **DIE WOCHENTAGE** finden Sie auf Seite 121.

¿Cuándo nos tenemos que ir? ˈkuando nos teˈnemos ke ˈir	Wann müssen wir gehen?
¿Cuándo me tengo que ir de la habitación? ˈkuando me ˈtengo ke ˈir de la abitaˈθjon	Wann muss ich das Zimmer verlassen?
El... [Wochentag] el	Am …

Vielleicht möchten Sie sich zum Abschied mit einem Kompliment für den angenehmen Aufenthalt bedanken:

Se está muy bien aquí. se esˈta mui ˈbjen aˈki	Hier fühlt man sich sehr wohl.
Puedo dormir muy bien aquí. ˈpuedo dorˈmir mui ˈbjen aˈki	Ich kann hier sehr gut schlafen.
Aquí se puede dormir muy bien. aˈki se ˈpuede dorˈmir mui ˈbjen	Hier kann man sehr gut schlafen.
Todos los años nos gusta mucho. ˈtodos los ˈanjos nos ˈgusta ˈmutscho	Es gefällt uns jedes Jahr.

Möglicherweise hat es Ihnen ja sogar so gut gefallen, dass Sie wiederkommen wollen:

¡Hasta otro año! ˈasta ˈotro ˈanjo	Bis zum nächsten Mal!

Urlaubsaktivitäten

Im Restaurant

Zunächst einmal können Sie sich erkundigen, ob Sie an einem bestimmten Ort etwas zu essen bekommen, beziehungsweise was es dort gibt:

¿Se puede comer aquí? se ˈpuede koˈmer aˈki	Kann man hier essen?
¿Podemos comer aquí? poˈdemos koˈmer aˈki	Können wir hier essen?
¿Es demasiado tarde para comer aquí? es demaˈsjado ˈtarde ˈpara koˈmer aˈki	Ist es zu spät, um hier zu essen?
¿Qué hay para comer? ˈke ai ˈpara koˈmer	Was gibt es zu essen?
¿Qué hay para beber? ˈke ai ˈpara beˈber	Was gibt es zu trinken?
¿Puedo ver lo que hay? ˈpuedo ˈwer lo ke ˈai	Kann ich sehen, was es gibt?

KULTURTIPP

In Spanien isst man in der Regel später als in Deutschland. Das Mittagessen wird gegen 14 Uhr eingenommen; das Abendessen gegen 21 Uhr.

Wenn Sie gewählt haben, können Sie die Bedienung auf sich aufmerksam machen und bestellen:

Perdón! perˈdon	Entschuldigung!
¡Por favor! por faˈwor	Entschuldigung, bitte!

Por favor, quiero comer… Ich möchte bitte … essen.
ˈpor faˈwor ˈkjero koˈmer

una sopa
ˈuna ˈsopa

una ensalada
ˈuna ensaˈlada

un helado
un eˈlado

Por favor, quiero beber… Ich möchte bitte … trinken.
ˈpor faˈwor ˈkjero beˈber

un café
un kaˈfe

un agua mineral
un ˈagua mineˈral

una cerveza
ˈuna θerˈweθa

Wenn die Speisekarte Bilder enthält oder Sie wissen, was die Wörter auf der Speisekarte bedeuten, können Sie auf den Namen eines Gerichts zeigen und sagen:

Por favor, quiero esto. Ich möchte bitte das hier.
por faˈwor ˈkjero ˈesto

Me gustaría comer esto. Ich würde gerne das hier essen.
me gustaˈria koˈmer ˈesto

Sie könnten aber auch versuchen, das Essen zu sehen zu bekommen …

¿Por favor, podría ver lo que hay para comer? por faˈwor poˈdria ˈwer lo ke ˈai ˈpara koˈmer — Könnte ich das Essen bitte sehen?

… oder dem Urteil der Bedienung vertrauen:

Por favor, quiero algo bueno. por faˈwor ˈkjero ˈalgo ˈbueno — Ich möchte bitte etwas Gutes.

Por favor, quiero algo bueno, pero no quiero pagar demasiado. por faˈwor ˈkjero ˈalgo ˈbueno, ˈpero no ˈkjero paˈgar demaˈsjado — Ich möchte bitte etwas Gutes, aber nicht zu Teueres.

Wo es möglich ist, können Sie auf die Speisen selbst zeigen und sagen:

Me gustaría comer de esto. me gustaˈria koˈmer de ˈesto — Ich würde gerne von dieser Speise essen.

Por favor, quiero esto. por faˈwor ˈkjero ˈesto — Ich möchte bitte das da.

KULTURTIPP

Manche spanischen Gerichte sind auch hierzulande bekannt. Bestimmt haben Sie schon einmal von der *paella*, einer Reispfanne mit Meeresfrüchten, gehört. Es gibt sie auch mit Huhn und Gemüse.
Zu den *tapas*, kleinen Gerichten, die man in Bars bekommt, gehören unter anderem *jamón serrano* (luftgetrockneter Schinken), *chorizo* (scharfe Paprikasalami) und *tortilla de patatas* (Kartoffelomelett).
Sehr empfehlenswert sind auch *gazpacho* (kalte Suppe mit Tomaten, Gurken und Knoblauch), *empanadas* (gefüllte Pasteten) – und natürlich die große Auswahl an Fisch und Meeresfrüchten.

Vielleicht haben Sie ja noch Sonderwünsche, zum Beispiel, dass es schnell gehen sollte:

Perdón, pero tengo poco tiempo. perˈdon ˈpero ˈtengo ˈpoko ˈtjempo	Entschuldigung, aber ich habe wenig Zeit.
Perdón, pero tenemos muy poco tiempo. perˈdon ˈpero teˈnemos ˈmui ˈpoko ˈtjempo	Entschuldigung, aber wir haben sehr wenig Zeit.
Por favor, quiero mucho para comer. por faˈwor ˈkjero ˈmutscho ˈpara koˈmer	Ich möchte bitte viel zu essen.
Por favor, quiero muy poco. por faˈwor ˈkjero mui ˈpoko	Ich möchte bitte ganz wenig.
Gracias, no quiero comer nada. ˈgraθias no ˈkjero koˈmer ˈnada	Danke, ich möchte nichts essen.

Perdón, necesito otro... perˈdon neθeˈsito ˈotro — Entschuldigung, ich brauche noch ein …

cuchillo kuˈtschijo	**tenedor** teneˈdor	**plato** ˈplato	**vaso** ˈwaso

Vielleicht bringt man Ihnen auch das falsche Gericht. Das könnten Sie dann so reklamieren:

Perdón, esto no es lo que yo quiero. perˈdon ˈesto no es lo ke ˈjo ˈkjero — Entschuldigung, das ist nicht das, was ich möchte.

Yo quiero esto. ˈjo ˈkjero ˈesto — Ich möchte das da.

Wenn Ihnen etwas gut schmeckt, können Sie das Essen folgendermaßen loben:

Esto me gusta. ˈesto me ˈgusta — Das schmeckt mir.

Esto nos gusta mucho. ˈesto nos ˈgusta ˈmutscho — Das schmeckt uns sehr gut.

¡Qué bueno! ˈke ˈbueno — Wie lecker!

¡Está muy bueno! esˈta mui ˈbueno — Das ist sehr gut!

¡No está mal! ˈno esˈta ˈmal — Nicht übel!

Vielleicht schmeckt es Ihnen ja sogar so gut, dass Sie noch einen Nachschlag wollen:

¿Podría tener más de esto, por favor? poˈdria teˈner ˈmas de ˈesto por faˈwor	Könnte ich bitte mehr hiervon haben?
¿Puedo tener más de esto? ˈpuedo teˈner ˈmas de ˈesto	Kann ich mehr hiervon haben?
Me gustaría comer más de esto. me gustaˈria koˈmer ˈmas de ˈesto	Ich würde gerne mehr von diesem hier essen.
Por favor, quiero un poco más. por faˈwor ˈkjero un ˈpoko ˈmas	Ich möchte bitte etwas mehr.
Perdón, esto es muy poco. perˈdon ˈesto es mui ˈpoko **Podría tener un poco más?** poˈdria teˈner un ˈpoko ˈmas	Entschuldigung, das ist sehr wenig. Könnte ich noch etwas mehr haben?
Es muy poco. es mui ˈpoko **Puedo tener más?** ˈpuedo teˈner ˈmas	Das ist sehr wenig. Kann ich mehr haben?

Oder aber es ist Ihnen zu viel. Dann können Sie sagen:

¡Es demasiado! es demaˈsjado	Es ist zu viel!
¡Esto es demasiado! ˈesto es demaˈsjado	Das hier ist zu viel!
No puedo comer todo esto. no ˈpuedo koˈmer ˈtodo ˈesto	Ich kann das nicht alles essen.
Es demasiado para uno. es demaˈsjado ˈpara ˈuno	Das ist zu viel für eine Person.
Por favor, quiero uno para los dos. por faˈwor ˈkjero ˈuno ˈpara los ˈdos	Ich hätte gerne ein Gericht für (uns) zwei.

Wenn Ihnen etwas nicht schmeckt, können Sie sagen:

Esto no me gusta.	ˈesto no me ˈgusta	Das schmeckt mir nicht.
Esto no me gusta nada.	ˈesto no me ˈgusta ˈnada	Das schmeckt mir überhaupt nicht.
No nos gusta.	ˈno nos ˈgusta	Das schmeckt uns nicht.
No quiero comer esto.	no ˈkjero koˈmer ˈesto	Ich möchte das nicht essen.
No puedo comer esto.	no ˈpuedo koˈmer ˈesto	Ich kann das nicht essen.
No es bueno.	no es ˈbueno	Das ist nicht gut.

Dann können Sie stattdessen etwas anderes verlangen:

¿No tiene nada mejor?	ˈno ˈtjene ˈnada meˈchor	Haben Sie nichts Besseres?
Quiero algo mejor.	ˈkjero ˈalgo meˈchor	Ich möchte etwas Besseres.
No quiero esto, quiero esto.	ˈno ˈkjero ˈesto ˈkjero ˈesto	Ich möchte nicht das da, sondern das da.
Por favor, quiero menos de esto, pero más de esto.	por faˈwor ˈkjero ˈmenos de ˈesto ˈpero ˈmas de ˈesto	Ich möchte bitte weniger von diesem, aber mehr von diesem.

Doch auch das beste Essen macht irgendwann einmal so satt, dass man nicht mehr kann:

¡No puedo más!	no ˈpuedo ˈmas	Ich kann nicht mehr!
¡No podemos comer más!	no poˈdemos koˈmer ˈmas	Wir können nichts mehr essen!

Nun können Sie sich noch über die Qualität des Essens unterhalten:

Aquí se come muy bien. aˈki se ˈkome mui ˈbjen	Hier isst man sehr gut.
Aquí se come mejor que en el… [Name des Restaurants] aˈki se ˈkome meˈchor que en el	Hier isst man besser als im …
Sí, y cuesta menos. ˈsi i ˈkuesta ˈmenos	Ja, und es kostet weniger.
Sí, pero cuesta más. ˈsi ˈpero ˈkuesta ˈmas	Ja, aber es kostet mehr.

Dann wird es Zeit, zu bezahlen:

Por favor, quiero pagar. por faˈwor ˈkjero paˈgar	Ich möchte zahlen, bitte.
¿Cuánto es? ˈkuanto ˈes	Wie viel macht das?

Wenn Sie nur für sich selbst zahlen möchten, können Sie auf das benutzte Geschirr oder die entsprechenden Passagen der Speisekarte zeigen und sagen:

Quiero pagar esto, esto y esto. ˈkjero paˈgar ˈesto ˈesto i ˈesto	Ich möchte das, das und das da zahlen.

Falls Sie hingegen die Rechnung für den gesamten Tisch übernehmen wollen, haben Sie folgende Möglichkeiten:

Quiero pagar todo. ˈkjero paˈgar ˈtodo	Ich möchte alles zahlen.

Quiero pagar para todos. ♂ Ich möchte für alle zahlen.
ˈkjero paˈgar ˈpara ˈtodos

Quiero pagar para todas. ♀ Ich möchte für alle zahlen.
ˈkjero paˈgar ˈpara ˈtodas

Wenn Sie mit dem Service zufrieden waren, ist es üblich, ein Trinkgeld zu geben. Dann können Sie sagen:

Gracias, esto es para usted. Danke, das ist für Sie.
ˈgraθias ˈesto es ˈpara usˈteθ

KULTURTIPP

Sie können als Trinkgeld aber auch einfach einige Münzen auf dem Tellerchen für das Wechselgeld zurücklassen, wenn Sie gehen.

Als Gastgeber oder Gastgeberin

Wenn Sie selbst jemanden zu sich einladen, werden Sie Ihre Gäste vermutlich als Erstes fragen:

¿Quieres comer algo? Möchtest du etwas essen?
ˈkjeres koˈmer ˈalgo

¿Quiere beber algo? Möchten Sie etwas trinken?
ˈkjere beˈber ˈalgo

¿Qué quieres comer? Was möchtest du essen?
ˈke ˈkjeres koˈmer

¿Qué quiere beber? Was möchten Sie trinken?
ˈke ˈkjere beˈber

Wenn Sie wissen möchten, wie es Ihren Gästen schmeckt, können Sie fragen:

¿Te gusta? te ˈgusta	Schmeckt es dir?
¿Le gusta? le ˈgusta	Schmeckt es Ihnen?

So können Sie sich erkundigen, ob Ihre Gäste noch einen Nachschlag wollen:

¿Quieres más? ˈkjeres ˈmas	Möchtest du mehr?
¿Quiere un poco más? ˈkjere un ˈpoko ˈmas	Möchten Sie ein bisschen mehr?

Einkaufen

So können Sie Ihren Wunsch, einkaufen zu gehen, ausdrücken, und sich nach dem Weg zu den Geschäften erkundigen:

Queremos comprar regalos. keˈremos komˈprar reˈgalos	Wir möchten Geschenke kaufen.
¿Dónde puedo comprar regalos? ˈdonde ˈpuedo komˈprar reˈgalos	Wo kann ich Geschenke kaufen?
¿Dónde hay regalos buenos por aquí? ˈdonde ai reˈgalos ˈbuenos por aˈki	Wo gibt es hier in der Nähe gute Geschenke?
Necesito un regalo bonito, pero no quiero pagar demasiado. neθeˈsito un reˈgalo boˈnito ˈpero no ˈkjero paˈgar demaˈsjado	Ich brauche ein schönes, aber nicht zu teueres Geschenk.

Wenn Sie sich nicht sicher sind, wozu ein bestimmter Gegenstand dient, können Sie danach fragen und darum bitten, die Ware etwas genauer ansehen zu dürfen:

¿Para qué es esto? para ˈke es ˈesto — Wofür ist das?

SPRACHTIPP

Para qué (wofür) setzt sich aus den Wörtern *para* (für) und *qué* (was) zusammen.

¿Qué se hace con esto?
ˈke se ˈaθe kon ˈesto — Was macht man hiermit?

¿Por favor, puedo ver esto?
por faˈwor ˈpuedo wer ˈesto — Darf ich bitte das hier ansehen?

Por favor, quiero ver esto.
por faˈwor ˈkjero wer ˈesto — Ich möchte bitte das hier ansehen.

Vielleicht möchten Sie auch etwas Typisches aus der Region kaufen. Dann können Sie sagen:

Quiero comprar algo de aquí.
ˈkjero komˈprar ˈalgo de aˈki — Ich möchte etwas von hier kaufen.

¿Esto es de aquí? ˈesto es de aˈki — Ist das von hier?

KULTURTIPP

Ein typisches Souvenir aus Spanien ist z. B. ein Fächer (*abanico*) oder Kastagnetten (*castañuelas*). Häufig findet man auch Püppchen, die Flamenco-Tänzerinnen darstellen. Und am Meer kann man oft besonders schöne Muscheln (*conchas*) kaufen.

Und so erkundigen Sie sich nach dem Preis des Gewünschten:

¿Cuánto cuesta esto? ˈkuanto ˈkuesta ˈesto	Wie viel kostet das?
Es mucho. es ˈmutscho	Das ist teuer.
Es demasiado. es demaˈsjado	Das ist zu teuer.
Quiero pagar menos por esto. ˈkjero paˈgar ˈmenos por ˈesto	Ich möchte weniger hierfür zahlen.
Lo compro por… [Zahl] lo ˈkompro por	Ich kaufe es für …

▶ **DIE ZAHLEN** finden Sie auf Seite 119.

Está bien. esˈta ˈbjen	In Ordnung.

KULTURTIPP

Wenn Ihnen eine Ware zu teuer erscheint, kann es sich an Straßenmarktständen durchaus lohnen, ein wenig zu verhandeln. Im Kaufhaus oder im Supermarkt ist dies allerdings genauso unüblich wie hierzulande.

Wenn Ihnen die angebotene Ware zusagt, können Sie sagen:

Me gustaría comprar esto. me gustaˈria komˈprar ˈesto	Ich würde gerne das hier kaufen.
Por favor, quiero esto. por faˈwor ˈkjero ˈesto	Ich möchte bitte das da.

Quiero esto. ˈkjero ˈesto	Ich möchte das hier.
También quiero esto. tamˈbjen ˈkjero ˈesto	Ich möchte auch das hier.

Aber vielleicht sind Sie noch nicht hundertprozentig zufrieden. Dann könnten Sie zum Beispiel sagen:

Está roto. esˈta ˈroto	Es ist kaputt.
No quiero uno roto. ˈno ˈkjero ˈuno ˈroto	Ich möchte kein Kaputtes.
Es muy bonito, pero demasiado grande. es mui boˈnito ˈpero demaˈsjado ˈgrande	Es ist sehr schön, aber zu groß.
Es muy bonito, pero cuesta demasiado. es mui boˈnito ˈpero ˈkuesta demaˈsjado	Es ist sehr schön, aber zu teuer.
¿No tiene otro? no ˈtjene ˈotro	Haben Sie kein anderes?
¿No tiene otro más bonito? no ˈtjene ˈotro mas boˈnito	Haben Sie kein schöneres?
¿No tiene otro menos grande? no ˈtjene ˈotro ˈmenos ˈgrande	Haben Sie kein kleineres?

Vielleicht gefällt Ihnen das Angebotene aber überhaupt nicht, und Sie möchten es gar nicht kaufen:

Gracias, pero no lo quiero. ˈgraθias ˈpero ˈno lo ˈkjero	Danke, aber ich möchte es nicht.
Gracias, pero no me gusta. ˈgraθias ˈpero ˈno me ˈgusta	Danke, aber es gefällt mir nicht.

No lo necesito. ˈno lo neθeˈsito	Ich brauche es nicht.
No queremos comprar esto. ˈno keˈremos komˈprar ˈesto	Wir möchten das hier nicht kaufen.
No voy a comprar esto. ˈno woi a komˈprar ˈesto	Ich werde das hier nicht kaufen.
No quiero comprar nada. ˈno ˈkjero komˈprar ˈnada	Ich möchte nichts kaufen.

Sehenswürdigkeiten und der Weg dorthin

Zunächst einmal sollten Sie sich erkundigen, welches die wichtigsten Sehenswürdigkeiten an Ihrem Urlaubsort sind:

¿Qué hay que ver aquí? ˈke ai ke ˈwer aˈki	Was gibt es hier zu besichtigen?
¿Qué hay que ver por aquí? ˈke ai ke ˈwer por aˈki	Was gibt es hier in der Gegend zu besichtigen?
¿Qué hay que ver cerca de aquí? ˈke ai ke ˈwer ˈθerka de aˈki	Was gibt es hier in der Nähe zu besichtigen?
¿Qué se puede ver aquí? ˈke se ˈpuede ˈwer aˈki	Was kann man hier besichtigen?

Dann können Sie nach dem Weg dorthin fragen:

¿Cómo podemos ir? ˈkomo poˈdemos ˈir	Wie können wir hinkommen?
¿Cómo hay que ir? ˈkomo ai ke ˈir	Wie muss man gehen/fahren?

Hay que ir por aquí. ˈai ke ˈir por aˈki	Man muss hier entlang.
¿Cómo se va a… [Name der Sehenswürdigkeit oder des Ortes]? ˈkomo se ˈwa a	Wie kommt man zu/ nach …?

SPRACHTIPP

Vor dem Namen von Sehenswürdigkeiten steht normalerweise der zugehörige bestimmte Artikel, z. B. bei *la Plaza Mayor: ¿Cómo se va a la Plaza Mayor?* (Wie kommt man zur *Plaza Mayor*?). Hierbei müssen Sie beachten, dass der männliche bestimmte Artikel *el* mit *a* zur Form *al* verschmilzt. Daher heißt derselbe Satz für *el Prado*: *¿Cómo se va al Prado?* (Wie kommt man zum *Prado*?). Ortsnamen haben in der Regel keinen Artikel, sodass die obige Frage dann ganz einfach heißen würde: *¿Cómo se va a Segovia?* (Wie kommt man nach Segovia?).

… [Sehenswürdigkeit/Ort] está por aquí? esˈta por aˈki	Geht es hier entlang zu/nach …?
… está cerca de aquí? esˈta ˈθerka de aˈki	Ist … hier in der Nähe?
Sí, está muy cerca. ˈsi esˈta mui ˈθerka	Ja, es ist ganz in der Nähe.
… es aquí? es aˈki	Ist hier …?
Sí, es aquí. ˈsi es aˈki	Ja, das ist hier.
No, no es aquí. ˈno ˈno es aˈki	Nein, das ist nicht hier.

Vielleicht sind Sie sich nicht sicher, ob Sie noch auf dem richtigen Weg sind. Dann können Sie sich danach erkundigen:

¿Estoy bien para ir a... [Sehenswürdigkeit/Ort]?
es'toi 'bjen 'para 'ir a
Bin ich hier richtig auf dem Weg zu/nach ...?

¿No estamos bien?
'no es'tamos 'bjen
Sind wir nicht auf dem richtigen Weg?

No, está mal. 'no es'ta 'mal
Nein, hier sind Sie falsch.

No, tiene que ir por aquí.
'no 'tjene ke 'ir por a'ki
Nein, Sie müssen hier lang.

Wenn Sie für Ihren Weg öffentliche Verkehrsmittel oder ein Taxi benutzen möchten, können Sie sich folgendermaßen nach einer Haltestelle, einem Bahnhof etc. erkundigen:

¿Dónde hay un...?
'donde ai un
Wo gibt es einen ...?

tren
tren

autobús
auto'bus

táxi
'taksi

¿Dónde puedo entrar en el...?
'donde 'puedo en'trar en el
Wo kann ich in den ... einsteigen?

tren
tren

autobús
auto'bus

metro
'metro

tranvía
tran'wia

Beim Fahrkartenkauf können Sie anschließend sagen:

Para uno, por favor. ˈpara ˈuno por faˈwor	Für eine Person, bitte.
Hasta… [Sehenswürdigkeit/Ort], por favor. ˈasta… por faˈwor	Bis zu/nach …, bitte.
Para dos, hasta …, por favor. ˈpara ˈdos ˈasta… por faˈwor	Bitte für zwei Personen zu/nach …
Por favor, quiero ir a… ˈpor faˈwor ˈkjero ir a	Ich möchte bitte zu/nach …

Vor Ort müssen Sie sich vielleicht erkundigen, ob Besichtigungen möglich sind, wie viel der Eintritt kostet etc.:

¿Se puede entrar? se ˈpuede enˈtrar	Kann man hineingehen?
¿Puedo entrar? ˈpuedo enˈtrar	Kann ich hineingehen?
¿Podemos entrar aquí? poˈdemos enˈtrar aˈki	Können wir hier hineingehen?
¿Cuesta algo entrar? ˈkuesta ˈalgo enˈtrar	Kostet der Eintritt etwas?
¿Cuánto cuesta entrar aquí? ˈkuanto ˈkuesta enˈtrar aˈki	Wie viel kostet der Eintritt hier?
¿Por dónde se puede entrar? por ˈdonde se ˈpuede enˈtrar	Wo kann man hinein?
Hay que entrar por aquí. ˈai ke enˈtrar por aˈki	Man muss hier hinein.

¿Cuándo se puede entrar aquí?
ˈkuando se ˈpuede enˈtrar aˈki
Wann kann man hier hinein?

¿Qué hay que hacer para ver... [Sehenswürdigkeit]?
ˈke ai ke aˈθer ˈpara wer
Was muss man tun, um … zu sehen?

Gut möglich, dass Ihre spanische Begleitung Sie auf die eine oder andere Besonderheit aufmerksam machen möchte:

¿Lo ves? lo ˈwes
Siehst du es?

¿Lo puede ver? lo ˈpuede ˈwer
Können Sie es sehen?

Sí, lo puedo ver.
ˈsi lo ˈpuedo ˈwer
Ja, ich kann es sehen.

Lo veo muy bien.
lo ˈweo mui ˈbjen
Ich sehe es sehr gut.

No lo vemos bien.
ˈno lo ˈwemos ˈbjen
Wir sehen es nicht gut.

Se puede ver mejor de aquí.
se ˈpuede ˈwer meˈchor de aˈki
Von hier aus kann man es besser sehen.

Vielleicht haben Sie noch Fragen zu der einen oder anderen Sehenswürdigkeit oder möchten sich – gerade bei Kunstwerken – vielleicht nach Details erkundigen:

¿De quién es esto?
de ˈkjen es ˈesto
Von wem ist das da?

¿Cómo se llama esto?
ˈkomo se ˈjama ˈesto
Wie heißt das hier?

¿De cuándo es? de ˈkuando ˈes
Von wann ist das?

¿De qué año es? de ˈke ˈanjo ˈes
Aus welchem Jahr ist das?

SPRACHTIPP

Mit den Zahlen auf Seite 119 kann man ganz leicht eine Jahreszahl bilden: Für das vorige Jahrhundert nehmen Sie *mil novecientos* (tausend neunhundert), dann die Zehnerstelle (für 87 wäre das die 80, also *ochenta*) und fügen dann mit *y* (und) die Einerstelle an (bei 87 wäre das sieben, also *siete*). 1987 heißt auf Spanisch also *mil novecientos ochenta y siete*. Ab dem Jahr 2000 verwendet man *dos mil* (zweitausend) statt *mil novecientos*; 2004 heißt daher auf Spanisch *dos mil cuatro*.

Ausgehen

Wenn Sie sich eine Vorstellung in Ihrer Hotelanlage, der Oper etc. ansehen möchten, können Sie sich folgendermaßen nach dem Programm erkundigen:

¿Qué hay esta noche?
ˈke ai ˈesta ˈnotsche
Was läuft heute Abend?

¿Y qué hay mañana?
i ˈke ai maˈnjana
Und was läuft morgen?

¿De quién es? de ˈkjen ˈes
Von wem ist das?

¿Cuándo es? ˈkuando ˈes
Wann findet es statt?

¿Es bueno? es ˈbueno
Ist es gut?

¿Podemos ir? poˈdemos ˈir
Können wir hingehen?

¿Puedo ir hoy? ˈpuedo ˈir ˈoi
Kann ich heute hingehen?

¿Ya no puedo ir hoy?
ˈja no ˈpuedo ir ˈoi
Kann ich heute nicht mehr hingehen?

¿Podemos ir mañana? po'demos ir ma'njana	Können wir morgen hingehen?

Auf einer Feier o. Ä. können Sie sich folgendermaßen erkundigen, ob jemand aufbrechen möchte:

¿Ya te vas? 'ja te 'was	Gehst du schon?
¿También se va? tam'bjen se 'wa	Gehen Sie auch?
¿Ya te quieres ir? 'ja te 'kjeres 'ir	Möchtest du schon gehen?
¿Ya se quiere ir? 'ja se 'kjere 'ir	Möchten Sie schon gehen?
¿Cuándo te vas? 'kuando te 'was	Wann gehst du?
¿Cuándo se va? 'kuando se 'wa	Wann gehen Sie?

So können Sie sagen, ob und wann Sie selbst von einer Feier o. Ä. aufbrechen werden:

No me voy. 'no me 'woi	Ich gehe nicht.
No, no nos vamos. 'no 'no nos 'wamos	Nein, wir gehen nicht.
Sí, me voy. 'si me 'woi	Ja, ich gehe.
Sí, nos vamos a la una. 'si nos 'wamos a la 'una	Ja, wir gehen um eins.
Me voy a ir luego. me 'woi a 'ir 'luego	Ich werde nachher gehen.
Nos vamos a ir a las dos. nos 'wamos a 'ir a las 'dos	Wir werden um zwei gehen.

So können Sie nach den Gründen für den Aufbruch fragen:

¿Por qué te vas?
por ˈke te ˈwas
Warum gehst du?

¿Por qué se va ya?
por ˈke se ˈwa ˈja
Warum gehen Sie schon?

SPRACHTIPP

Por qué bedeutet wörtlich „wegen was“ und wird wie das deutsche „warum“ verwendet.

Und so können Sie begründen, warum Sie nicht länger bleiben können oder möchten:

Ya no tengo tiempo.
ˈja no ˈtengo ˈtjempo
Ich habe keine Zeit mehr.

Ya no quiero más.
ˈja no ˈkjero ˈmas
Ich möchte nicht mehr.

Ya no puedo más.
ˈja no ˈpuedo ˈmas
Ich kann nicht mehr.

Tengo que ir a la cama.
ˈtengo ke ˈir a la ˈkama
Ich muss ins Bett.

Ya es tiempo para ir a la cama.
ˈja es ˈtjempo ˈpara ˈir a la ˈkama
Es ist schon Zeit, ins Bett zu gehen.

Sich verabreden

So können Sie jemanden um eine Verabredung bitten:

¿Qué haces esta tarde? ˈke ˈaθes ˈesta ˈtarde	Was machst du heute Nachmittag/Abend?

SPRACHTIPP

Mit dem Wort *la tarde* bezeichnet man einen Zeitraum, der in etwa von ein, zwei Uhr nachmittags (also nach dem spanischen Mittagessen) bis sieben Uhr abends geht. Danach spricht man von *la noche* (Nacht).

¿Qué va a hacer mañana? ˈke wa a aˈθer maˈnjana	Was machen Sie morgen?
¿Nos vemos luego? nos ˈwemos ˈluego	Sehen wir uns nachher?
¿Nos vemos más tarde? nos ˈwemos mas ˈtarde	Sehen wir uns später?
¿Nos vemos esta noche? nos ˈwemos ˈesta ˈnotsche	Sehen wir uns heute Abend/Nacht?
¿Nos vemos mañana? nos ˈwemos maˈnjana	Sehen wir uns morgen?
¿Nos vemos mañana por la tarde? nos ˈwemos maˈnjana por la ˈtarde	Sehen wir uns morgen Nachmittag/Abend?
¿Nos podemos ver luego? nos poˈdemos wer ˈluego	Können wir uns nachher sehen?
¿Nos podemos ver más tarde? nos poˈdemos ˈwer mas ˈtarde	Können wir uns später sehen?

¿Nos podemos ver a la una? nos poˈdemos ˈwer a la ˈuna — Können wir uns um eins sehen?

¿Nos podemos ver mañana a las dos? nos poˈdemos ˈwer maˈnjana a las ˈdos — Können wir uns morgen um zwei sehen?

Neben der Uhrzeit können Sie natürlich auch den Ort Ihrer Verabredung festlegen:

¿Nos vemos en…? ˈnos ˈwemos en — Sehen wir uns am …?

la playa
la ˈplaja

la piscina
la pisˈθina

el bar
el ˈbar

el restaurante
el restauˈrante

Und so können Sie einer Verabredung zustimmen:

Sí. si — Ja.

Sí, me gustaría mucho. ˈsi me gustaˈria ˈmutscho — Ja, das fände ich sehr schön.

Sí, esta noche. ˈsi ˈesta ˈnotsche — Ja, heute Abend/Nacht.

Sí, a las dos. ˈsi a las ˈdos — Ja, um zwei.

Sí, mañana a la una de la tarde. ˈsi maˈnjana a la ˈuna de la ˈtarde — Ja, morgen Nachmittag um eins.

Sí, hoy puedo. ˈsi ˈoi ˈpuedo — Ja, heute kann ich.

Sí, hoy tengo tiempo. ˈsi ˈoi ˈtengo ˈtjempo — Ja, heute habe ich Zeit.

… oder eine Verabredung ablehnen:

No. no	Nein.
No, gracias. ˈno ˈgraθias	Nein, danke.
No, hoy no. ˈno ˈoi ˈno	Nein, heute nicht.
No, hoy no puedo. ˈno ˈoi no ˈpuedo	Nein, heute kann ich nicht.
No, hoy no tengo tiempo. ˈno ˈoi no ˈtengo ˈtjempo	Nein, heute habe ich keine Zeit.
No, no quiero. ˈno no ˈkjero	Nein, ich will nicht.

Wenn es im Urlaub funkt, können Sie sagen:

Me gustas. me ˈgustas	Du gefällst mir.
Me gustas mucho. me ˈgustas ˈmutscho	Du gefällst mir sehr gut.
Te quiero mucho. te ˈkjero ˈmutscho	Ich mag dich sehr gerne.

Und falls sogar mehr daraus wird, können Sie die berühmten drei Worte sagen – wobei es im Spanischen nur zwei sind:

Te quiero. te ˈkjero	Ich liebe dich.

Trotz Ihres begrenzten Wortschatzes können Sie auch ausdrücken, wie verliebt Sie sind:

Te necesito para vivir. te neθeˈsito ˈpara wiˈwir	Ich brauche dich, um zu leben.
Eres un regalo. ˈeres un reˈgalo	Du bist ein Geschenk.
No somos dos, somos uno. no ˈsomos ˈdos ˈsomos ˈuno	Wir sind nicht zwei, sondern eins.

Falls den Worten Taten folgen sollen, könnten Sie fragen:

¿Quieres ver mi habitación? ˈkjeres ˈwer mi abitaˈθjon	Möchtest du mein Zimmer sehen?
¿Puedo ver tu habitación? ˈpuedo ˈwer tu abitaˈθjon	Darf ich dein Zimmer sehen?

Wenn Sie eine Fortsetzung planen, können Sie zum Beispiel sagen:

¿Nos vemos en Alemania?* nos ˈwemos en aleˈmania	Sehen wir uns in Deutschland?
¿Cuándo? ˈkuando	Wann?

Vielleicht möchten Sie aber auch einem Verehrer oder einer Verehrerin deutlich machen, dass aus Ihnen beiden nichts wird:

Te quiero mucho, pero ya estoy con otro/otra. te ˈkjero ˈmutscho, ˈpero ja esˈtoi kon ˈotro/ˈotra	Ich mag dich sehr gerne, aber ich bin schon mit jemand anderem zusammen.
No puedo. no ˈpuedo	Ich kann nicht.
Estoy aquí con… [Name] esˈtoi aˈki kon	Ich bin mit … hier.
No te quiero. ˈno te ˈkjero	Ich mag dich nicht.
¿No ves que no quiero? no ˈwes ke no ˈkjero	Siehst du nicht, dass ich nicht möchte?

---

* **Austria** ˈaustria	Österreich
Suiza ˈsuiθa	Schweiz

Speisekarte

Lebensmittel

churros 'tschurros	Schmalzkringel
embutido embu'tido	Wurst
huevo 'uewo	Ei
huevo duro 'uewo 'duro	hart gekochtes Ei
huevo pasado por agua 'uewo pa'sado por 'agua	weich gekochtes Ei
huevos revueltos 'uewos re'wueltos	Rühreier
jamón cha'mon	Schinken
mantequilla mante'kija	Butter
miel mjel	Honig
pan pan	Brot
queso 'keso	Käse
yogur jo'gur	Joghurt

gazpacho gaθ'patscho	kalte Gemüsesuppe
sopa de ajo 'sopa de‿'acho	Knoblauchsuppe
sopa de mariscos 'sopa de ma'riskos	Meeresfrüchtesuppe
sopa de pescado 'sopa de pes'kado	Fischsuppe

brocheta de carne bro'tscheta de 'karne	Fleischspieß
carne de ternera 'karne de ter'nera	Rindfleisch
filete de ternera fi'lete de ter'nera	Kalbssteak

cerdo 'θerdo	Schwein
cochinillo kotschi'nijo	Spanferkel
rosbif ros'bif	Roastbeef
conejo ko'necho	Kaninchen
cordero kor'dero	Lamm
escalope eska'lope	Schnitzel
solomillo solo'mijo	Filet
pollo 'pojo	Huhn

atún a'tun	Thunfisch
caballa ka'waja	Makrele
salmón sal'mon	Lachs
sardinas sar'dinas	Sardinen
trucha 'trutscha	Forelle

bogavante bog'wante	Hummer
cangrejos de mar kan'grechos de mar	Meereskrebse

cangrejos de río kan'grechos de 'rio	Flusskrebse
cigalas θi'galas	kleine Langusten
langosta lan'gosta	Languste
mejillones mechi'jones	Miesmuscheln

adobado ado'wado	eingelegt, mariniert
ahumado au'mado	geräuchert
a la plancha a la 'plantscha	auf der heißen Metallplatte gebraten
asado a'sado	gebraten, gegrillt
casero ka'sero	hausgemacht
cocido ko'θido	gekocht
empanado empa'nado	paniert
estofado esto'fado	geschmort
flambeado flambe'ado	flambiert
relleno re'jeno	gefüllt
tostado tos'tado	geröstet

berenjenas beren'chenas	Auberginen
calabacines kalawa'θines	Zucchini
cantarelas kanta'relas	Pfifferlinge
cebolla θe'woja	Zwiebel

espárragos es'parragos	Spargel
espinacas espi'nakas	Spinat
guisantes gi'santes	Erbsen
judías chu'dias	Bohnen
lechuga le'tschuga	Kopfsalat
lentejas len'techas	Linsen
maíz ma'iθ	Mais
pimientos pi'mjentos	Paprikaschoten
zanahorias θana'orias	Möhren

albaricoque alwari'koke	Aprikose
ciruelas θi'ruelas	Pflaumen
frambuesas fram'buesas	Himbeeren
fresas 'fresas	Erdbeeren
guayaba gua'jawa	Guave
higos 'igos	Feigen
manzana man'θana	Apfel
melocotón meloko'ton	Pfirsich
melón me'lon	Honigmelone
naranja na'rancha	Orange
pera 'pera	Birne
piña 'pinja	Ananas
plátano 'platano	Banane

pomelo po'melo	Grapefruit
sandía san'dia	Wassermelone
uvas 'uwas	Weintrauben

dulce de membrillo 'dulθe de mem'brijo	Quittenbrot
galletas ga'jetas	Kekse
mantecados mante'kados	Schmalzgebäck
pastel pas'tel	Kuchen
tarta 'tarta	Torte

arroz con leche ar'roθ kon 'letsche	Milchreis
flan flan	Karamellpudding
fresas con nata 'fresas kon 'nata	Erdbeeren mit Schlagsahne
macedonia de frutas maθe'donia de 'frutas	Obstsalat
mazapán maθa'pan	Marzipan
melocotón en almíbar meloko'ton en al'miwar	Pfirsich in Sirup
natillas na'tijas	Vanillecreme
turrón tu'rron	Mandelnugat

agua 'agua	Wasser
agua mineral con gas 'agua mine'ral kon gas	Mineralwasser mit Kohlensäure
agua mineral sin gas 'agua mine'ral sin gas	Mineralwasser ohne Kohlensäure
batido ba'tido	Milchshake
zumo 'θumo	Saft
cerveza de barril θer'werθa de wa'rril	Bier vom Fass
cerveza negra θer'werθa 'negra	dunkles Bier
cerveza rubia θer'werθa 'ruwia	helles Bier
champán tscham'pan	Champagner
ginebra chi'newra	Gin
coñac ko'njak	Kognak
aguardiente aguar'djente	Schnaps
vino espumoso 'bino‿espu'moso	Sekt
vino tinto 'bino 'tinto	Rotwein
vino blanco 'bino 'blanko	Weißwein
sidra 'sidra	Apfelwein
dulce 'dulθe	lieblich

semiseco semi'seko	halbtrocken
seco 'seko	trocken
ron ron	Rum

café solo ka'fe 'solo	schwarzer Kaffee
cortado kor'tado	Espresso mit Milch
carajillo kara'chijo	Kaffee mit Kognak
chocolate tschoko'late	Schokolade
leche 'letsche	Milch
manzanilla manθa'nija	Kamillentee
té te	Tee

Gerichte

cocido madrileño ko'θido madri'lenjo	Eintopf mit Kichererbsen, Fleisch, Wurst, Speck, Schinken und Kohl, in drei Gängen serviert
pote gallego 'pote ga'jego	Eintopf mit weißen Bohnen, Kartoffeln, Paprikawurst, Schinken, Schweineohren und Kohl
fabada asturiana fa'wada‿astu'rjana	Eintopf mit weißen Bohnen, Paprikawurst, Schinken und Speck

bistec con patatas fritas bis'tek kom pa'tatas 'fritas	Beefsteak mit Pommes frites
solomillo a la pimienta verde solo'mijo‿a la pi'mjenta 'werde	Filetsteak mit grünem Pfeffer
chuletón tschule'ton	großes Kalbs- oder Rinderkotelett
albóndigas en salsa de tomate al'bondigas en 'salsa de to'mate	Hackfleischklößchen in Tomatensoße
conejo al ajillo ko'necho‿al a'chijo	in Öl und Knoblauch gebratenes Kaninchen
parrillada de carne parri'jada de 'karne	verschiedene Sorten Fleisch vom Grill
angulas an'gulas	gebratene Glasaale mit Knoblauch
bacalao al pil-pil baka'lao‿al pil↓pil	in Öl und Knoblauch gegarter Kabeljau
buñuelos de bacalao bu'njuelos de baka'lao	in Öl ausgebackene Kabeljaubällchen
chanquetes fritos tschan'ketes 'fritos	gebackene kleine Sprotten
merluza a la romana mer'luθa‿a la ro'mana	in Mehl und Ei gebratener Seehecht
parrillada de pescado parri'jada de pes'kado	verschiedene Sorten Fisch vom Grill

pescadillas fritas peska'dijas 'fritas	gebratene junge Seehechte
arroz a la banda ar'roθ a la 'wanda	Reis mit Fisch und Meeresfrüchten
almejas a la marinera al'mechas a la mari'nera	Venusmuscheln in Knoblauch-Sherry-Soße
cazuela de mariscos ka'θuela de ma'riskos	Meeresfrüchte in der Tonschale zubereitet
anchoas an'tschoas	in Öl marinierte Anchovisfilets
boquerones en vinagre boke'rones em bi'nagre	in Essig, Öl und Knoblauch eingelegte Sardellen
pisto 'pisto	geschmorte Paprika-schoten, Tomaten, Zwiebeln usw.
butifarra buti'farra	katalanische Wurst
empanada empa'nada	gefüllte Teigpastete
patatas bravas pa'tatas 'brawas	Kartoffeln in scharfer Soße
ensaladilla rusa ensala'dija 'rusa	Salat aus Kartoffeln, Thunfisch und Gemüse mit Mayonnaise
escalivada eskali'wada	Salat aus gebratenen Auberginen und roten Paprikaschoten

borrachos bo'rratschos	mit Likör getränktes Gebäck
brazo de gitano 'braθo de chi'tano	mit Creme gefüllte Biskuitrolle
coca 'koka	fladenartiger Kuchen
crema catalana 'krema kata'lana	Eiercreme mit Karamell
Ensaimada ensai'mada	Hefeteigschnecke aus Mallorca
licuado li'kuado	frisch zubereiteter Saft mit Wasser oder Milch
granizado grani'θado	Zitronen- und Orangensaft mit zerstoßenem Eis
Rioja 'riocha	Rotwein aus der Rioja
tinto de verano 'tinto de we'rano	süße Rotweinschorle
cava 'kawa	spanischer Sekt

Notfälle und Missgeschicke

Um Hilfe bitten

Leider kann auch im schönsten Urlaub etwas schief gehen. Dann können Sie jemanden so ganz allgemein um Hilfe bitten:

¿Me podrías ayudar?
me poˈdrias ajuˈdar
Könntest du mir helfen?

¿Me podría ayudar, por favor?
me poˈdria ajuˈdar por faˈwor
Könnten Sie mir bitte helfen?

¿Me puede ayudar, por favor?
me ˈpuede ajuˈdar por faˈwor
Können Sie mir bitte helfen?

¿Me podrías ayudar con esto, por favor? me poˈdrias ajuˈdar kon ˈesto por faˈwor
Könntest du mir bitte hiermit helfen?

¿Me podría ayudar a hacer esto, por favor?
me poˈdria ajuˈdar a aˈθer ˈesto por faˈwor
Könnten Sie mir bitte helfen, dies zu tun?

¿Me puedes hacer un favor?
me ˈpuedes aˈθer un faˈwor
Kannst du mir einen Gefallen tun?

¿Me podría hacer un favor?
me poˈdria aˈθer un faˈwor
Könnten Sie mir einen Gefallen tun?

¿Me haces un favor?
me ˈaθes un faˈwor
Tust du mir einen Gefallen?

Vielleicht ist ja auch etwas verschwunden, das Ihnen gehört:

Mi... ya no está.
mi... ja no es'ta

Meine ... ist nicht mehr da.

bolso
'bolso

monedero
mone'dero

maleta
ma'leta

reloj
re'loch

Falls Sie selbst einen offensichtlich verlorenen Gegenstand finden sollten, können Sie in die Menge fragen:

¿De quién es esto?
de 'kjen es 'esto

Wem gehört das hier?

Wenn Sie sich verlaufen haben, können Sie sagen:

Me he perdido. me 'e per'dido

Ich habe mich verirrt.

Nos hemos perdido.
nos 'emos per'dido

Wir haben uns verirrt.

¿Cómo puedo ir a... [Ort]?
'komo 'puedo ir a

Wie kann ich nach ... kommen?

¿Por dónde se va a... [Ort]?
por 'donde se wa a

Wo geht es nach ...?

¿Dónde estoy? 'donde es'toi

Wo bin ich?

¿Dónde estamos aquí?
'donde es'tamos a'ki

Wo sind wir hier?

Und wenn Sie professionelle Hilfe brauchen, können Sie folgendermaßen danach fragen:

¿Dónde está la…? ˈdonde esˈta la	Wo ist die …?

policía
poliˈθia

oficina de turismo
ofiˈθina de tuˈrismo

KULTURTIPP

Wenn Sie in Spanien in eine Notsituation geraten, können Sie die Polizei mit der Telefonnummer 091 landesweit anrufen. Unter der allgemeinen Notrufnummer 112 erreichen Sie Notarzt, Feuerwehr etc.

Krankheit

Wenn es Ihnen körperlich nicht gut geht, können Sie sagen:

No estoy bien. ˈno esˈtoi ˈbjen	Es geht mir nicht gut.
Estoy mal. esˈtoi ˈmal	Es geht mir schlecht.
Me duele todo. me ˈduele ˈtodo	Mir tut alles weh.

Necesito... neθe'sito — Ich brauche ...

un médico
un 'mediko

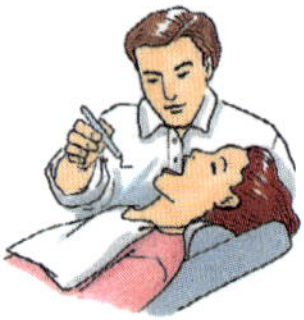

un dentista
un den'tista

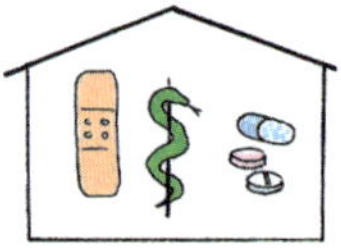

una farmacia
'una far'maθia

una ambulancia
'una ambu'lanθia

Während der Arzt oder die Ärztin Sie untersucht, werden Sie vielleicht gefragt:

¿Qué le duele? 'ke le 'duele — Was tut Ihnen weh?

¿Dónde le duele? 'donde le 'duele — Wo tut es Ihnen weh?

Wenn Sie dann auf die Stelle zeigen, die Ihnen weh tut, können Sie relativ genau sagen, was Ihnen fehlt:

Me duele aquí. me 'duele a'ki — Es tut mir hier weh.

Aquí me duele mucho. a'ki me 'duele 'mutscho — Hier tut es mir sehr weh.

Aquí me duele más que aquí. a'ki me 'duele 'mas ke a'ki — Hier tut es mir mehr weh als hier.

Pero aquí no me duele nada. ˈpero aˈki no me ˈduele ˈnada	Aber hier tut es mir überhaupt nicht weh.

Wenn nicht Sie selbst die Schmerzen haben, können Sie auf die betreffenden Körperteile Ihrer Begleitung zeigen und sagen:

Le duele aquí. le ˈduele aˈki	Es tut ihm/ihr hier weh.

Falls Sie während der Untersuchung große Schmerzen haben sollten, können Sie sagen:

Aquí me duele demasiado. aˈki me ˈduele demaˈsjado	Hier tut es mir zu stark weh.
¡Cómo me duele! ˈkomo me ˈduele	Das tut vielleicht weh!
Por favor, no aquí. ˈpor faˈwor no aˈki	Bitte hier nicht.
¡Duele demasiado! ˈduele demaˈsjado	Es tut zu sehr weh!

Wenn Sie vermuten, dass etwas gebrochen sein könnte, können Sie fragen:

¿Está roto? esˈta ˈroto	Ist es gebrochen?
¿Me he roto algo? me e ˈroto ˈalgo	Habe ich mir etwas gebrochen?

SPRACHTIPP

Roto heißt nicht nur „kaputt". Wenn es sich auf Körperteile bezieht, bedeutet es „gebrochen".

Gut, wenn der Arzt oder die Ärztin nach der Untersuchung sagt:

No tiene nada. ˈno ˈtjene ˈnada	Ihnen fehlt nichts.
No es nada. ˈno es ˈnada	Es ist nichts.

Dann haben Sie Grund zur Erleichterung:

¡Menos mal!* ˈmenos mal	Zum Glück!

Schlecht hingegen, wenn die Diagnose lautet:

Usted está muy mal.	Es geht Ihnen sehr schlecht.

Aber vielleicht können Sie schon bei der nächsten Untersuchung sagen:

Ya no me duele mucho. ˈja no me ˈduele ˈmutscho	Es tut mir nicht mehr sehr weh.
Ya no me duele. ˈja no me ˈduele	Es tut mir nicht mehr weh.

* Achtung feste Wendung:
¡Menos mal! ˈmenos mal — Zum Glück!

Missgeschicke

Falls Ihnen oder Ihrer Begleitung irgendein Missgeschick passiert sein sollte, können Sie sich folgendermaßen dafür entschuldigen:

Perdón. perˈdon	Entschuldigung.
Perdón por todo. perˈdon por ˈtodo	Entschuldigung für alles.
Perdón por todo esto. perˈdon por ˈtodo ˈesto	Entschuldigung für all das.

Spezifischer können Sie z. B. auch sagen:

Perdón, he roto la cama. perˈdon e ˈroto la ˈkama	Entschuldigung, ich habe das Bett kaputtgemacht.
Perdón, he roto… perˈdon e ˈroto	Entschuldigung, ich habe … kaputtgemacht.

la lámpara
la ˈlampara

el televisor
el telewiˈsor

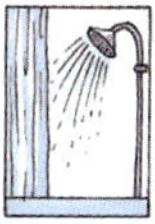

la ducha
la ˈdutscha

Perdón, he perdido…
per'don e per'dido

Entschuldigung,
ich habe … verloren.

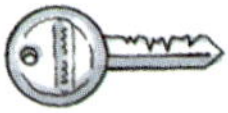

la llave
la 'jawe

el secador de pelo
el seka'dor de 'pelo

Und so können Sie eine Wiedergutmachung anbieten:

¿Lo puedo pagar?
lo 'puedo pa'gar

Kann ich es bezahlen?

Lo voy a pagar. lo 'woi a pa'gar

Ich werde es bezahlen.

¿Podemos comprar otro?
po'demos kom'prar 'otro

Können wir einen Ersatz
dafür kaufen?

Voy a comprar otro.
'woi a kom'prar 'otro

Ich werde einen neuen/ein
neues kaufen.

Vamos a comprar otra.
'wamos a kom'prar 'otra

Wir werden eine neue
kaufen.

Wörterbuch

A

a a nach; zu
el abanico el aba'niko Fächer
Adiós. a'djos Auf Wiedersehen./Tschüs.
el agua mineral el 'agua mine'ral Mineralwasser
Alemania ale'mania Deutschland
las aletas las a'letas Flossen
algo 'algo etwas
la ambulancia la ambu'lanθia Krankenwagen
el anillo el a'nijo Ring
el año el 'anjo Jahr
aquí a'ki hier
el ascensor el asθen'sor Aufzug
Austria 'austria Österreich
el autobús el auto'bus Bus
ayudar aju'dar helfen

B

la bañera la ba'njera Badewanne
el bar el 'bar Bar
beber be'ber trinken
bien bjen gut
la blusa la 'blusa Bluse
el bolso 'bolso Tasche
bonito bo'nito schön
bueno 'bueno gut

C

el café el ka'fe Kaffee
el calor el ka'lor Wärme; Hitze
la cama la 'kama Bett
las castañuelas las kasta'njuelas Kastagnetten
la cena la 'θena Abendessen
cerca 'θerka in der Nähe
la cerveza la θer'weθa Bier
el chorizo el tscho'riθo *scharfe Paprikasalami*
la ciudad la θiu'daθ Stadt
come 'kome er/sie/es isst; Sie essen [Einzahl]
comer ko'mer essen
la comida la ko'mida (Mittag)Essen
cómo 'komo wie
comprar kom'prar kaufen
compro 'kompro ich kaufe
con kon mit

la concha la' kontscha Muschel
la corbata la kor'bata Krawatte
costar kos'tar kosten
cuándo 'kuando wann
cuánto 'kuanto wie viel
el cuchillo el ku'tschijo Messer
cuesta 'kuesta es kostet
cuestan 'kuestan sie kosten

D

de de aus; von
demasiado dema'sjado zu viel, allzu
de nada de 'nada bitte; gern geschehen
el dentista el den'tista Zahnarzt
el desayuno el desa'juno Frühstück
el día el 'dia Tag
dónde 'donde wo
dormir dor'mir schlafen
dos dos zwei
la ducha la 'dutscha Dusche
duele 'duele es tut weh

E

el el der
la empanada la empa'nada *gefüllte Pastete*
en en in
la ensalada la ensa'lada Salat
entrar en'trar hineingehen
eres 'eres du bist
es es er/sie/es ist; Sie sind [Einzahl]
estado es'tado gewesen
está es'ta er/sie/es ist; Sie sind [Einzahl]
¡Está bien! es'ta bjen In Ordnung!
esta 'esta diese
estamos es'tamos wir sind
estar es'tar sein
estás es'tas du bist
estas 'estas diese
este 'este dieser
esto 'esto das hier; das da
estos 'estos diese
estoy es'toi ich bin

F

la farmacia la far'maθia Apotheke
el favor el fa'wor der Gefallen
el flamenco el fla'menko *spanischer Tanz*

G

las gafas de sol las 'gafas de 'sol Sonnenbrille
la galleta la ga'jeta Keks

el gazpacho el gaθ'patscho *kalte Suppe*
Gracias. 'graθias Danke.
grande 'grande groß
gusta 'gusta er/sie/es gefällt; Sie gefallen [Einzahl]
gustar gus'tar gefallen
gustaría gusta'ria er/sie/es würde gefallen
gustas 'gustas du gefällst

H

la habitación la abita'θjon Zimmer
hace 'aθe er/sie/es macht; Sie machen [Einzahl]
hacemos a'θemos wir machen
hacer a'θer tun, machen
haces 'aθes du machst
hago 'ago ich mache
hasta 'asta bis
hay ai es gibt
hay que 'ai ke man muss
he e ich bin; ich habe
el helado el e'lado Eis
hemos 'emos wir sind; wir haben
Hola. 'ola Hallo.
hoy oi heute

I

la iglesia la ig'lesia Kirche
ir ir gehen; fahren

J

el jamón serrano el cha'mon ser'rano *luftgetrockneter Schinken*

L

la ♀ la die [Einzahl]
la lámpara la 'lampara Lampe
el lavabo el la'wabo Waschbecken
le le ihm/ihr/ihn; Ihnen/Sie
la llave la 'jawe Schlüssel
lo lo ihn/sie/es
los ♂ los die [Mehrzahl]
luego 'luego später, nachher

M

mal mal schlecht
la maleta la ma'leta Koffer
mañana ma'njana morgen
la mañana la ma'njana der Morgen
más mas mehr
me me mir, mich
me llamo me 'jamo ich heiße
el médico el 'mediko Arzt
mejor me'chor besser
menos 'menos weniger
¡Menos mal! 'menos mal Zum Glück!
el metro el 'metro U-Bahn
mi mi mein/meine [Einzahl]

el monedero el mone'dero Geldbeutel
mucho 'mutscho viel
muy mui sehr

N

nada 'nada nichts
necesitamos neθesi'tamos wir brauchen
necesitar neθesi'tar brauchen
necesito neθe'sito ich brauche
la nevera la ne'wera Kühlschrank
no no nein; nicht; kein/keine
la noche la 'notsche Nacht
nos nos uns

O

la oficina de turismo la ofi'θina de tu'rismo das Fremdenverkehrsamt
otro 'otro ein anderer/anderes; noch ein

P

la paella la pa'eja *spanische Reispfanne*
pagar pa'gar zahlen
para 'para für; um zu
para qué 'para 'ke wofür
perdido per'dido verloren; verirrt
Perdón. per'don Entschuldigung.
pero 'pero aber
la piscina la pis'θina Schwimmbad, Swimmingpool
el plato el 'plato Teller
la playa la 'plaja Strand
poco 'poko wenig
podemos po'demos wir können
poder po'der können; dürfen
podría po'dria ich/er/sie/es könnte; Sie könnten [Einzahl]
podrías po'drias du könntest
la policía la poli'θia Polizei
por por für; während
por favor por fa'wor bitte
por qué por 'ke warum
puede 'puede er/sie/es kann; Sie können [Einzahl]
puedes 'puedes du kannst
puedo 'puedo ich kann

Q

que ke als; was; der/die/das; welcher/welche/welches

qué ke was?, welcher/welche/welches? [Fragewort]; wie ...! [Ausruf]
queremos ke'remos wir möchten
querer ke'rer mögen; wollen; lieben
quién kjen wer
quiere 'kjere er/sie/es möchte; Sie möchten [Einzahl]
quieres 'kjeres du möchtest
quiero 'kjero ich möchte

R

el regalo el re'galo Geschenk
el reloj el re'loch Uhr
el restaurante el restau'rante Restaurant
roto 'roto kaputt; gebrochen

S

se se sich; man
se llama se 'jama er/sie/es heißt; Sie heißen [Einzahl]
el secador de pelo el seka'dor de 'pelo Fön
ser ser sein
sí si ja
la siesta la 'sjesta Mittagsschlaf
el sombrero el som'brero Hut
somos 'somos wir sind
son son sie sind
la sopa la 'sopa Suppe
soy soi ich bin
su su sein/ihr; Ihr; seine/ihre; Ihre [Einzahl]
Suiza 'suiθa Schweiz

T

también tam'bjen auch
las tapas las 'tapas *kleine Gerichte in Bars*
tarde 'tarde spät
la tarde la 'tarde Nachmittag, Abend
el táxi el 'taksi Taxi
te te dich
te llamas te 'jamas du heißt
el teléfono el te'lefono Telefon
el televisor el telewi'sor Fernseher
el tenedor el tene'dor Gabel
tenemos te'nemos wir haben
tener te'ner haben
tener que te'ner ke müssen
tengo 'tengo ich habe
el tiempo el 'tjempo Zeit; Wetter
tiene 'tjene er/sie/es hat; Sie haben [Einzahl]
tienes 'tjenes du hast
todo 'todo alles

¡Todo lo mejor! ˈtodo lo meˈchor Alles Gute!
la tortilla de patatas la torˈtija de paˈtatas Kartoffelomelett
el tranvía el tranˈwia Straßenbahn
el tren el tren Zug
tu tu dein/deine [Einzahl]

U

un un ein
una ˈuna eine
uno ˈuno eins; einen/eines
usted usˈteθ Sie [Einzahl]

V

va ˈwa er/sie/es geht; Sie gehen [Einzahl]
vamos ˈwamos wir gehen
vas was du gehst
el vaso el ˈwaso Glas
vemos ˈwemos wir sehen
el ventilador el wentilaˈdor Ventilator
veo weo ich sehe
ver wer sehen; treffen
ves wes du siehst
el vestido el wesˈtido Kleid
el vino el ˈwino Wein
vive ˈwiwe er/sie/es lebt; Sie leben [Einzahl]
vives ˈwiwes du lebst
vivimos wiˈwimos wir leben
vivir wiˈwir leben
vivo ˈwiwo ich lebe
voy woi ich gehe

W

el wáter el ˈwater Toilette

Y

y i und
ya ja schon
yo jo ich

Zahlen

0 **cero** ˈθero	1 **uno** ˈuno	2 **dos** dos	3 **tres** tres
4 **cuatro** ˈkuatro	5 **cinco** ˈθinko	6 **seis** seis	7 **siete** ˈsjete
8 **ocho** ˈotscho	9 **nueve** ˈnuewe	10 **diez** djeθ	11 **once** ˈonθe
12 **doce** ˈdoθe	13 **trece** ˈtreθe	14 **catorce** kaˈtorθe	15 **quince** ˈkinθe
16 **dieciséis** djeθiˈseis	17 **diecisiete** djeθiˈsjete	18 **dieciocho** djeθiˈotscho	19 **diecinueve** djeθiˈnuewe
20 **veinte** ˈweinte	21 **veintiuno** weintiˈuno	22 **veintidos** weintiˈdos	30 **treinta** ˈtreinta
31 **treinta y uno** ˈtreintaiˈuno	40 **cuarenta** kuaˈrenta	41 **cuarenta y uno** kuaˈrentaiˈuno	50 **cincuenta** θinˈkuenta
51 **cincuenta y uno** θinˈkuentaiˈuno	60 **sesenta** seˈsenta	61 **sesenta y uno** seˈsentaiˈuno	70 **setenta** seˈtenta
71 **setenta y uno** seˈtentaiˈuno	80 **ochenta** oˈtschenta	81 **ochenta y uno** oˈtschentaiˈuno	90 **noventa** noˈwenta

91 **noventa y uno** noˈwentaiˈuno	100 **cien** θjen	101 **ciento uno** ˈθjento ˈuno	200 **doscientos** dosˈθjentos
1000 **mil** mil	2000 **dos mil** dos ˈmil	679 **seiscientos setenta y nueve** seisˈθjentos seˈtentaiˈnuewe	

SPRACHTIPP

Bei Zahlen über 20, die auf *-uno* enden, heißt es vor einem Substantiv immer *-ún*: *veintiún regalos* (21 Geschenke), *veintiún habitaciones* (21 Zimmer). Obwohl man Zahlen wie *treinta y uno* (31) oder *cuarenta y uno* (41) etc. als drei Wörter schreibt, werden sie ohne Pause in einem einzigen Zug gesprochen.

Wochentage

Montag **lunes** ˈlunes	Dienstag **martes** ˈmartes	Mittwoch **miércoles** ˈmjerkoles	Donnerstag **jueves** ˈchuewes
Freitag **viernes** ˈwiernes	Samstag **sábado** ˈsabado	Sonntag **domingo** doˈmingo	

SPRACHTIPP

Die spanischen Wochentage werden immer zusammen mit dem männlichen Artikel *el* verwendet.